HIER BEWEGT SICH WAS

Praxisreihe zum Eltern-Kind-Turnen und Kinderturnen
in Kindergarten, Schule und Verein
Band 45

KLEINE TURNHALLENGESPENSTER

HIER SIND WIR!

Auch wenn's der einen unheimlich „gräut",
die andere sich darüber freut,
mit Pipo durch die Halle zu geistern
oder Herrn Neppich auf den Boden zu kleistern.

Meyer & Meyer Verlag

Der Pipo-Verlag mit seiner Reihe „Hier bewegt sich was" wurde zum 01.01.2000 vom Meyer & Meyer Verlag übernommen. Die Reihe wird weiterhin von Heidi Lindner herausgegeben.

Die Deutsche Bibliothek – CIP Einheitsaufnahme

Kleine Turnhallengespenster / Heidi Lindner (Hrsg.)
– Aachen Meyer und Meyer, 2000
(Hier bewegt sich was ; 45)
ISBN 3-89124-745-1

Alle Rechte, insbesondere das Recht der Vervielfältigung und Verbreitung sowie das Recht der Übersetzung, vorbehalten. Kein Teil des Werkes darf in irgendeiner Form – durch Fotokopie, Mikrofilm oder ein anderes Verfahren – ohne schriftliche Genehmigung des Verlages reproduziert oder unter Verwendung elektronischer Systeme verarbeitet, gespeichert, vervielfältigt oder verbreitet werden.

© 2000 by Meyer & Meyer Verlag, Aachen
Olten, Wien, Oxford, Québec, Lansing/Michigan,
Findon/Adelaide, Auckland, Sandton/
Johannesburg, Budapest
Umschlaggestaltung: Birgit Engelen, Stolberg
Umschlag- und Satzbelichtung: frw, Reiner Wahlen, Aachen
Illustrationen: Silke Mehler
Herausgeberin: Heidi Lindner, Pipo-Lernwerkstatt, Neumünster
Autorinnen: Gisela Stein, Ingrid Graser, Heidi Lindner
Bearbeitung: Marion Schwalbe
Lektorat: Dr. Irmgard Jaeger, Aachen
Druck: Burg Verlag Gastinger GmbH, Stolberg
ISBN 3-89124-745-1
Printed in Germany
E-Mail: verlag@meyer-meyer-sports.com

INHALTSVERZEICHNIS

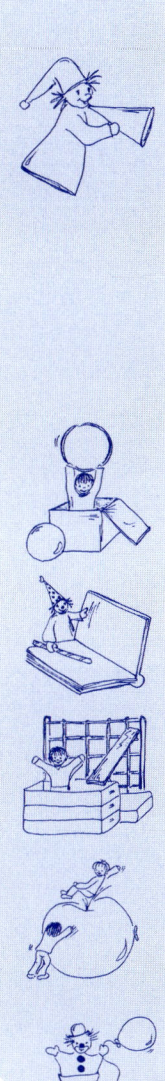

Liebe Leserinnen, liebe Leser 5
Fingerspiele, Lieder, Rhythmik und Musik 7
Hu – hu – hu, der neue Geist bist du 8
Das kleine Nachtgespenst 10
10 schwarze Fledermäuse 11
Wie man Geister fängt 12
Die Turnhallengeisterstunde 15
Gespenstersong 18
Das verirrte Gespenst 21
Konzert im Geisterschloss 26
Huberts Zaubergeistertanz 28
Die Turnhallengeistershow 29

Kleingeräte – übliche und ungewöhnliche .41
Hubert, das kleine Schleudergespenst, turnt mit . .42

Bewegungsgeschichte 47
Besuch der Schlossgespenster 47

Großgeräte – Bewegungslandschaften . .55
Das Geisterschloss 56

Attraktive Aktion 67
In der Gespensterschule 68

Kreativecke 91
Hubert, das kleine Schleudergespenst 92
Gespensterklapper .94
Gespensterkarte 95

HIER BEWEGT SICH WAS -Beiträge zeichnen sich durch Praxisnähe und leichte Umsetzbarkeit aus. In jedem Heft finden Übungsleiterinnen und Pädagoginnen umfassende Informationen, die ihnen die Durchführung einzelner Übungsstunden erleichtern, z.B. durch ausgesuchte Bewegungsanregungen, Geräteaufbaupläne usw. Für besondere Aktionen gibt es organisatorische Hilfen wie Kopiervorlagen, Bastelanleitungen und Kinderlieder mit Noten.

Darüber hinaus werden pädagogische Aspekte im Umgang mit Kindern und Eltern behandelt, Organisationsfragen für Kinderturngruppen erläutert und neue methodische Wege zur kindgerechten Bewegungsförderung vorgestellt.

HIER BEWEGT SICH WAS stellt Spaß und Bewegungsfreude in den Vordergrund, geht vom Kind und seinen sich entwickelnden Fähigkeiten aus und enthält immer neue und fantasievolle Ideen.

HIER BEWEGT SICH WAS ist in erster Linie auf das gemeinsame Singen, Spielen, Toben und Turnen von Eltern und Kindern ausgerichtet. Mit ganz wenigen Ausnahmen sind aber alle Praxisbeispiele auch auf den Kindergarten und die Eingangsklassen der Grundschule übertragbar.

KLEINE TURNHALLENGESPENSTER

LIEBE LESERINNEN, LIEBE LESER,

Jeder weiß es, aber kaum einer wagt es auszusprechen. In jeder Turnhalle leben Gespenster, kleine quirlige Turnhallengespenster. Niemand hat sie je gesehen, denn sie scheinen unsichtbar und ganz besonders leise zu sein.

Nachts, wenn alle Menschenkinder schlafen, schleichen sie aus ihren dunklen Ecken heraus und verwandeln sich in kichernde, flüsternde und schwebende Wesen, die mit viel Kraft ihre Späßchen in der Halle treiben. Sie geistern nicht nur in der Halle umher, nein, sie verwandeln sich und die Geräte und Materialien in immer neue Gebilde. Sie erfinden unheimliche neue Geräusche, spuken in abenteuerlichster Weise umher und bauen sich ihr Gespensterschloss nach eigenen Ideen immer wieder auf und um.

Manchmal treffen sie sich mit den vielen anderen Nachtgestalten wie Eulen und Fledermäusen, tanzen den Geister- und Gespenstertanz und feiern ihre Feste auf dem Schlosshof oder in der Turnhallengeisterbahn.

Doch man wird es kaum glauben, aber es ist, wie es ist, auch kleine Turnhallengeister gehen in die Gespensterschule. Sie lernen dort das Gespenstereinmaleins, die Gespenstersprache, den Abenteuerspuk und ein eigenes Fitnessprogramm kennen.

KLEINE TURNHALLENGESPENSTER

Sie erzählen gruselige Geschichten und flüstern über ihre geheimen Wünsche und Träume. Wie, Gespenster haben keine Träume? Das stimmt nicht. Sie träumen davon, einmal mit den Kindern am helllichten Tag in der Turnhalle herumzutollen und zu spielen. ...

Und diesen Wunsch können wir ihnen mit den Kindergrupen doch erfüllen, oder?
Laden wir uns doch einfach gegenseitig zu einem Faschingsfest im Winter oder modern zu einer Halloweenparty im November ein, wenn es draußen neblig, feucht, grau und dunkel ist, so richtig schön zum Gruseln und Geistern.

LASST EUCH VON PIPO BE-GEISTERN, WIR TUN ES AUCH!

PIPO, Ingrid Graser, Gisela Stein, Silke Mehler und Heidi Lindner

FINGERSPIELE LIEDER RHYTHMIK UND MUSIK

Huhu! Wie es uns gruselt, wenn wir nur an Geister denken! Wie eklig es im Bauch kribbelt und uns ein eisiges Schaudern nach dem anderen über den Rücken rieselt! Was kann man da nur machen? Auf irgendeine Weise müssen wir doch lernen, unsere Furcht zu bezwingen!

Nun, wenn es stimmt, dass wir uns nur deshalb fürchten, weil uns diese Wesen zu wenig vertraut sind, dann können wir gern weiterhelfen. Wir fangen ganz einfach an: Mit Fingerspielen, die von lustigen kleinen Geistern handeln, bekommen wir die kleinsten Geisterkinder sprichwörtlich „in den Griff".

Ganz allmählich tasten wir uns weiter vor, versetzen uns in die Rollen der Nachtschwärmer und lernen so nach und nach ihre Eigenheiten und Verhaltensweisen kennen. Wenn wir dann schließlich mit ihnen getanzt, ein Geisterkonzert veranstaltet haben und auf ihrem Rücken herumgekrabbelt sind, dann ist uns nichts Geistermäßiges mehr fremd. Und eines ist doch klar: Vor Dingen, die wir kennen, brauchen wir keine Angst mehr zu haben, wir beherrschen sie.

KLEINE TURNHALLENGESPENSTER

HU, HU, HU,
DER NEUE GEIST BIST DU!

Hu, hu, hu, ich bin ein Kitzelgeist.
Hu, hu, hu, ich weiß nicht, wie du heißt.
Doch wenn ich dich gleich ... kitzel,
sagst du es mir im Nu:
... (Lisa)
Hu, hu, hu, der neue Geist bist du.

Ganz verschiedene Geister können hier ins Spiel kommen:

der Streichelgeist:	Doch wenn ich dich gleich streichel ...
der Kuschelgeist:	Doch wenn ich mit dir kuschel ...
der Poltergeist :	Doch wenn ich vor dir polter ...
der Klatschgeist:	Doch wenn ich mit dir klatsche ...
der Trampelgeist:	Doch wenn ich vor dir trampel ...

sowie der Hüpf-, Tanz- oder Zaubergeist und viele, viele mehr.
Eurer Fantasie sind keine Grenzen gesetzt.

Aber – passt auf, wenn euch irgendwann der Schlafgeist überfällt, dann ist das Spiel zu Ende.

Text: Heidi Lindner

KLEINE TURNHALLENGESPENSTER

SPIELIDEE:

Alle stehen im Kreis, während ein Mitspieler außen um den Kreis herumschleicht. An der Stelle „Ich weiß nicht, wie du heißt" bleibt der Geist hinter einem Kind stehen und beginnt mit seiner Geisterei. Er geistert so lange, bis er den Namen genannt bekommt. Mit dem letzten Satz stellt sich der nun müde gewordene Geist in den Kreis und das Kind, das seinen Namen genannt hat, darf als Nächstes geistern.

Welcher Geist wird es wohl sein? ... Schleich-, Klapper-, Zitter ...

KLEINE TURNHALLENGESPENSTER

DAS KLEINE NACHTGESPENST

Jeder braucht ein kleines Tuch/Serviette.

In einem alten Haus
Mit den Händen ein Haus bilden.

kommt ein Gespenst zur Nacht heraus
Ein kleines Tuch wird über den Zeigefinger gestülpt.

Es fliegt die Treppe runter,
da wird es wieder munter.
Mit dem Gespenst den ausgestreckten Arm hinunterfliegen.

Es fliegt die Treppe rauf,
da geht ihm die Puste aus.
Mit dem Gespenst den Arm hinauffliegen.

Es kriecht durch jedes Schlüsselloch
Mit Daumen und Zeigefinger der 2. Hand ein Loch darstellen.

Paß auf, dann siehst Du's noch!
Das Gespenst fliegt dort hindurch und dann weg.

Dieses Fingerspiel kann allein oder zu zweit gespielt werden.
(Einer spielt das Gespenst, der andere Partner baut das Haus, die Treppe oder das Schlüsselloch.)

Buch/CD: Tänze für 1001 Nacht
M. Beermann, A. Breucker, J. Gröning,
Ökotipia-Verlag, Münster

KLEINE TURNHALLENGESPENSTER

10 Schwarze Fledermäuse

10 schwarze Fledermäuse fliegen auf und ab.
Die Finger spreizen, die Daumen aneinander legen und vor dem Körper segelnd auf und ab bewegen.

10 schwarze Fledermäuse machen niemals schlapp.
Beide Hände schnell hin und her bewegen.

10 schwarze Fledermäuse fliegen kreuz und quer,
Die Arme überkreuzen.

10 schwarze Fledermäuse sehen gar nichts mehr.
Die Augen zuhalten.

10 schwarze Fledermäuse machen sich ganz klein,
Beide Hände auf den Kopf legen und sich ducken.

10 schwarze Fledermäuse schlafen leise ein.
Den Kopf auf die seitlich gefalteten Hände legen.

Chrrrpühüüüüü!

– mündlich überliefert –

KLEINE TURNHALLENGESPENSTER

WIE MAN GEISTER FÄNGT

In unserem Fall versuchen wir es einmal mit einem Gedicht von Josef Guggenmos. Dies wird von der Übungsleiterin so vorgetragen, dass den Mitspielern genug Zeit bleibt, um das Gehörte in Bewegung umzusetzen.

Die Gruppe wird geteilt, z.B. in Eltern und Kinder. Eine Gruppe übernimmt die Rolle von Herrn Neppich, die andere spielt die Geister. Der Mittelkreis der Halle oder eine markierte Fläche, z.B. Matten, dient als Teppich.

1. Abends goß Herr Neppich
Kleister auf den Teppich.
Einen Eimer Kleister,
denn so fängt man Geister.

Die Gruppe „Neppich" streicht den „Teppich" pantomimisch mit Kleister ein, jeder für sich eine kleine Fläche. Nach getaner Arbeit legen sich alle in sicherer Entfernung zum Schlafen nieder.

Wenn sie nachts ihr Wesen treiben,
werden sie drauf kleben bleiben,
dann stehen zum Besichtigen
die Geister da, die richtigen!

Die Geister schweben und schleichen sich heran und besehen sich die ganze Sache, ohne den Teppich zu betreten.

KLEINE TURNHALLENGESPENSTER

2. Am Morgen war nicht einer
gefangen, auch kein kleiner.
Da war Herr Neppich böse,
er machte ein Getöse:
„Was zum Teufel! Keine Geister?
Schuld ist nur der schlechte Kleister!"
Zur Probe trat Herr Neppich
persönlich auf den Teppich.

Die Neppichs werden wach und sehen mit Erstaunen auf den Teppich, schimpfen und treten bzw. springen nun selbst auf den Teppich. Sofort sind sie auf der Stelle festgeklebt.

3. Jedoch – o wie betrüblich! –
der Kleister hielt vorzüglich.
Vorzüglich hielt der Kleister.
Nachts riefen alle Geister:

Die Geister erscheinen und schweben nun ihrerseits über den Teppich und um alle Neppichs herum, versuchen, sie zu kitzeln und zu ärgern.

KLEINE TURNHALLENGESPENSTER

„Wie lustig, auf dem Teppich,
da steht er, der Herr Neppich!
Wie lustig, auf dem Teppich,
da steht er, der Herr Neppich!"

Welche Kleisterfläche klebt am besten? Ein Herr Neppich wird es am längsten dort aushalten, auch wenn um ihn herum gegeistert und gekitzelt wird (Rollentausch!).

KLEINE TURNHALLENGESPENSTER

DIE TURNHALLENGEISTERSTUNDE

Geis-ter-stun-de, Geis-ter-stun-de, Geis-ter dre-hen ih-re Run-de.

Geis-ter-stun-de, Geis-ter-stun-de, Geis-ter dre-hen ih-re Run-de. Sie

schwe-ben raus aus Rit-zen und E-cken, denn sie brau-chen sich nicht ver-ste-cken.

Text und Melodie: Heidi Lindner

Refr.: Geisterstunde, Geisterstunde,
Geister drehen ihre Runde. *(Wiederholung)*

1. Sie schweben raus aus Ritzen und Ecken,
denn sie brauchen sich nicht verstecken.

Geisterstunde, Geisterstunde, ...

2. Sie fliegen in der Luft hoch oben
oder kriechen tief am Boden.

Geisterstunde, Geisterstunde, ...

15

KLEINE TURNHALLENGESPENSTER

3. Dann poltern alle laut zur Mitte,
zum Geistertanz der kleinen Schritte.

Geisterstunde, Geisterstunde, ….

4. Am Ende – Hops – über die Bank
und schnell versteckt im großen Schrank.

Geisterstunde, Geisterstunde, ….

5. Hier träumen sie Tag-Stunden-lang
Mmh, mmh ……

Geisterstunde, Geisterstunde, ….

6. Bis zu einer nächsten Runde,
einer neuen Geisterstunde.

Geisterstunde, Geisterstunde, ….

SPIELIDEE:

Für dieses kleine Bewegungsspiel sollte die Halle möglichst dunkel sein. Ein Lichtstrahl aus dem Geräte- oder den Umkleideräumen genügt.

In der Halle stehen mehrere Bänke (alternativ Kasteninnenteile und kleine Kästen, Kastendeckel).

KLEINE TURNHALLENGESPENSTER

Alle kleinen und großen Turnhallengeister haben sich versteckt und singen leise den ersten Refrain.

Zur 1. Strophe:
Alle kommen aus ihren Verstecken und schweben in der Halle umher.

Der zweite Refrain wird laut und fröhlich gesungen.

Zur 2. Strophe:
Alle fliegen mit ausgebreiteten Armen über die Geräte, um im nächsten Augenblick so klein wie möglich am Boden herumzukriechen.

Zur 3. Strophe:
Alle poltern mit Riesenschritten in die Hallenmitte. Sie tanzen in der Mitte mit kleinen Schritten hintereinander auf der Kreisbahn entlang. Im Refrain wird die Richtung geändert.

Zur 4. und 5. Strophe:
Alle hopsen über eines der Geräte und verstecken sich, legen sich auf den Boden und summen leise weiter.

Zur 6. Strophe:
Am Ende werden alle wieder wach und beginnen von vorn, so lange bis das Licht angeht, denn in den Tagstunden wird **nicht** gegeistert.

KLEINE TURNHALLENGESPENSTER

GESPENSTERSONG

Lus - tig ist das Ge - spens - ter - le - ben, ha - ha - ha - hooo! Ha - ha - ha - hooo!

Wenn wir ü - bers Schloss hin - schwe - ben, ha - ha - ha - hooo! Ha - ha - ha - hooo!

Hoch und nie - der ganz ge - schwind, um die Zin - nen

weht der Wind. Ha - ha - ha - hooo! Ha - ha - ha - hooo!

Lustig ist das Gespensterleben,
ha – ha – ha – hooo! Ha – ha – ha – hooo!
Wenn wir über's Schloss hinschweben,
ha – ha – ha – hooo! Ha – ha – ha – hooo!
Hoch und nieder ganz geschwind,
um die Zinnen weht der Wind.
Ha – ha – ha – hooo! Ha – ha – ha – hooo!

KLEINE TURNHALLENGESPENSTER

Schlägt die Turmuhr um Mitternacht,
ha – ha – ha – hooo! Ha – ha – ha – hooo!
Sind Gespenster aufgewacht,
ha – ha – ha – hooo! Ha – ha – ha – hooo!
Und der schaurige Gesang
hallt durch alle Flure lang.
Ha – ha – ha – hooo …

Machen wir die Ritter wach,
ha – ha – ha – hooo! Ha – ha – ha – hooo!
Spucken wir vom höchsten Dach,
ha – ha – ha – hooo! Ha – ha – ha – hooo!
Hebt der Ritter Kasimir
böse klappernd das Visier.
Ha – ha – ha – hooo …

Nun geht´s los zum Geistertanz,
ha – ha – ha – hooo! Ha – ha – ha – hooo!
Kater, Ratten, hebt den Schwanz,
ha – ha – ha – hooo! Ha – ha – ha – hooo!
Geisteropa stampft im Takt,
hat den Ritter Franz gepackt.
Ha – ha – ha – hooo …

KLEINE TURNHALLENGESPENSTER

Los, das große Mahl beginnt,
ha – ha – ha – hooo! Ha – ha – ha – hooo!
In den Rittersaal geschwind,
ha – ha – ha – hooo! Ha – ha – ha – hooo!
Spinnenbeine, Krötenbrei,
Fliegenpilze und Eulenei.
Ha – ha – ha – hooo ...

Roter Wein aus Habichtsblut,
ha – ha – ha – hooo! Ha – ha – ha – hooo!
Der schmeckt allen Geistern gut,
ha – ha – ha – hooo! Ha – ha – ha – hooo!
Soviel Flecken, Schreck, o Graus,
wie seh´n eure Hemden aus!
Ha – ha – ha – hooo ...

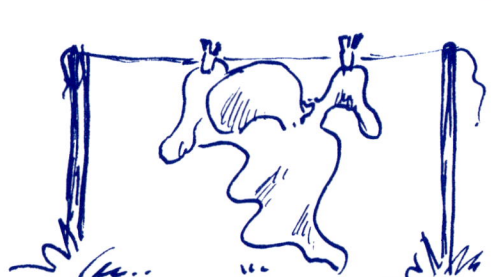

 *Buch: Gespenster-Herbst, B. Cratius, Herder 1999*

KLEINE TURNHALLENGESPENSTER

DAS VERIRRTE GESPENST

– Geschichte zur Körperwahrnehmung –

Seit langem wird in der Gespensterfamilie, die im alten Schloss Schauerlich ihren Wohnsitz hat, die Gespensterururgroßmutter vermisst. Am Tage ihres Verschwindens war sie gerade 784 Jahre und 17 Monate alt und konnte sich viele Dinge nicht mehr so genau merken. So hat sie sich wahrscheinlich bei einem Gespensterspaziergang verirrt und den Weg nach Hause nicht mehr gefunden.

Einige Tage nach dem Verschwinden der uralten Gespensteroma flattert ein schwarzer Rabe durch das Gestrüpp eines verlassenen Gartens. Und er entdeckt im Gras unter einem alten Birnbaum eine weiße Gestalt, die auf dem Bauch liegt und tief schläft.

Ein Kind liegt bäuchlings auf dem Boden, das andere kniet daneben.

Neugierig hüpft der Rabe näher,
pickt vorsichtig mal am Kopf,
mal an den Füßen,
dann am Hals und am Po,
denn er will untersuchen,
ob die alte Oma noch lebt.

Das kniende Kind zwickt den Partner leicht an den benannten Stellen.

KLEINE TURNHALLENGESPENSTER

Zwar bewegt sich die weiße Gestalt ein wenig, reagiert aber nicht wirklich auf das Zwicken des Raben. Na gut, denkt sich dieser, da muss ich wohl ein wenig deutlicher werden. Ich will einmal mit meinen Rabenfüßen ein kleines Tänzchen auf dem Rücken der Oma wagen.

Mit beiden Händen und weit abgespreizten Fingern auf dem Rücken des Partners hin und her hüpfen.

Das urururalte Gespenst ist viel zu erschöpft, um auf diese Art der Kontaktaufnahme zu reagieren. Es reckt sich nur ein wenig und schläft sodann gleich wieder ein.

In der Zwischenzeit haben sich einige Ameisen eingefunden, die nun mühsam auf den Rücken des weißen Geistes hinaufsteigen. Sie krabbeln ganz aufgeregt auf der weißen Gestalt hin und her, manchmal versuchen sie, am Hals und an den Ärmeln in das Gewand des Gespenstes hineinzukriechen.

Mit den Fingern über den Rücken des Partners laufen, versuchen, in den Halsausschnitt oder unter dem T-Shirt ein wenig auf der nackten Haut zu kraulen.

Doch bald müssen die Ameisen einer Schnecke Platz machen. Sie schiebt sich mit ihrem breiten Bauch von unten nach oben und danach wieder von oben nach unten über den Rücken der Gespensterurururgroßmutter.

Mit den flachen Händen von den Füßen zum Kopf des Partners streichen und anschließend wieder am Körper nach unten.

KLEINE TURNHALLENGESPENSTER

Ach je, das ist ja ein langweiliger Gast, der sich da im alten Garten niedergelassen hat. Mit dem kann man ja überhaupt nichts anfangen. Enttäuscht kriecht die dicke Schnecke davon. Doch schon bald trifft sie Herrn Regenwurm auf seinem Abendspaziergang und erzählt ihm von der Besucherin im Garten. „Oh, spannend, das muss ich mir gleich einmal ansehen", sagt Herr Regenwurm und ringelt sich auf den Rücken des 784 Jahre und 17 Monate alten Gespenstes.

Mit dem Zeigefinger Schlangenlinien auf den Rücken des Partners malen.

He, was ist das?! Das Gespenst scheint wach zu werden, es schüttelt sich gerade so, als wäre ihm kalt.

Das liegende Kind schüttelt sich am ganzen Körper.

Wie ärgerlich, sie wird einfach nicht wach. Die Gespensteroma hat nur bemerkt, dass es gerade angefangen hat zu regnen. Dicke Tropfen fallen durch die Blätter des alten Birnbaums.

Auf dem Rücken des liegenden Kindes wird der Regen mit den Fingerspitzen fühlbar gemacht.

KLEINE TURNHALLENGESPENSTER

Ein fürchterliches Unwetter lässt den Regen in Sturzbächen am Körper der Oma herabrinnen.

Mit den flachen Händen über Beine, Arme, Kopf und Rücken streichen.

Doch gerade im schlimmsten Regenguss hört man ein Rauschen und Flattern. Die ganze Gespensterfamilie, die seit langem nach der 784 Jahre alten Urururgroßmutter gesucht hatte, schwirrt heran und landet direkt auf ihrem Rücken. Dort kullern und springen sie vor lauter Freude herum, denn sie sind so froh, dass sie ihre Urahne endlich wieder gefunden haben.

Um ihr beim Wachwerden zu helfen, ziehen sie ganz vorsichtig an ihren Armen und Beinen.

Auf einmal ist auch die Urururgroßmutter kein bisschen mehr müde, sie steht auf, reckt und streckt sich und fliegt dann mit ihren Kindern, Enkeln und Urenkeln davon.

KLEINE TURNHALLENGESPENSTER

MUSIK

Kleine Gespenster müssen sehr aufmerksam sein, wenn sie sich in der Nacht auf die Socken machen. Auch wenn sie noch so laut spuken, heulen oder mit ihren Ketten rasseln, ihre Ohren halten sie immer offen. So gelingt es ihnen meistens, sich rechtzeitig zu verstecken, um von niemandem entdeckt zu werden.

Jeder möchte zu gerne wissen, wie sich die kleinen Gespenster und Geister um Mitternacht fühlen. Ein bisschen könnt ihr die Atmosphäre der Geisterstunde spüren, wenn ihr die Musikspielideen nachspielt und mit der Turnhallen-Geister-Show könnt ihr sogar anderen zeigen, wie sich die kleinen Turnhallengespenster und -geister amüsieren.

**Also passt auf,
dass ihr die Geisterstunde nicht verpennt.**

KLEINE TURNHALLENGESPENSTER

KONZERT IM GEISTERSCHLOSS

Für unser folgendes Musikstoppspiel benötigen wir Instrumente und alle möglichen Dinge zum Krachmachen. Jede unheimliche Musik kann hier zum Einsatz kommen.

Diese Spielidee eignet sich besonders gut in der Aufwärmphase oder zur Einstimmung in eine Gespensterstunde.

TEIL 1:

Zur Musik , z.B. „Holter-Polter-Geist", laufen die Kinder als Geister durch die Turnhalle, sie erkunden alle Ecken des Raumes. Stoppt die Musik jedoch, ruft die Übungsleiterin:

„Konzert im Geisterschloss!"

TEIL 2:

Die Gespenster rennen schnell zu einem Laken, unter dem die verschiedensten Musikinstrumente und Krachmacher liegen: Rasseln, Glockenspiele, Orff-Instrumente, Flöten, Mundharmonikas, Regenmacher, Heulschläuche, Topfdeckel und Kochlöffel, gefüllte Luftballons sowie Joghurtbecher und vieles mehr.

Als Alternative hierzu können auch nur Joghurtbecher in verschiedenen Größen als Instrumente eingesetzt werden. Sie ergeben ganz unterschiedliche Klänge, wenn man sie mit der Öffnung nach unten rhythmisch auf den Boden schlägt.

KLEINE TURNHALLENGESPENSTER

Solange das Laken oben schwebt (zwei Mitspieler halten es hoch) oder bis die Musik wieder einsetzt, dürfen die Gespenster ihr Konzert veranstalten. Mal laut, mal leise, mal in hohen Tönen, mal in tiefen. Doch dann geistern sie wieder durch die Turnhalle.

Wir empfehlen zum Teil 1 das Lied „Holter-Polter-Geist" von Fredrik Vahle auf der MC „Sternschnuppenmelodien". Das Intro mit gruselig gesprochener Stimme ist für kleinere Kinder ziemlich unheimlich, daher lassen wir den Anfang meist aus und benutzen das Musikstück erst ab jener Stelle, wo die Instrumente einsetzen.

Gut geeignet ist auch der Titel „Aufregend und spannend" der CD „Tip … Tap …, Instrumentalmusik für Notenhopser und Leiseschleicher".

Lied: „Holter-Polter-Geist",
MC „Sternschnuppenmelodien" von Fredrik Vahle

Titel: „Aufregend und spannend",
CD „Tip … Tap …,
Instrumentalmusik für Notenhopser und Leiseschleicher"
Idee: Heidi Lindner,
nach Musik von Rolf Zuckowski

KLEINE TURNHALLENGESPENSTER

HUBERTS ZAUBERGEISTERTANZ

Diesen Tanz haben wir von Hubert, dem kleinen Schleudergespenst, gelernt. Wer Hubert noch nicht kennt, auf Seite 42 geistert er schon.

MUSIK:

„Tanz der Wassergeister" der CD: „Tänze für 1001 Nacht",
den Titel „Aufregend und Spannend" der CD „Tip ... Tap ..."
oder jede andere unheimliche, spannende Instrumentalgeistermusik.

Je nach Tempo der Musik schleichen, schweben, fliegen oder rennen bzw. laufen die Geister durch die Turnhalle. Wenn die Musik stoppt, wirft die Übungsleiterin einem Kind Hubert zu.

Wer das kleine Schleudergespenst fängt, besitzt dessen geisterhafte Zauberkräfte und darf die anderen Kinder in verschiedene Gespenster verwandeln, z.B. in Stampfgespenster, Klatschgespenster, Heul- oder Hüpfgespenster und andere unheimliche Wesen. Den Kindern kommen hierbei die tollsten Ideen. Sie führen die angesagte Bewegungsform durch, bis die Musik wieder einsetzt. Dann schleichen oder rennen sie bis zum nächsten Musikstopp erneut durch die Halle.

„Tanz der Wassergeister",
CD „Tänze für 1001 Nacht",
Ökotopia-Verlag, Münster

Titel: „Aufregend und spannend",
CD „Tip ... Tap ..., Instrumentalmusik für Notenhopser und Leiseschleicher"
Idee: Heidi Lindner,
nach Musik von Rolf Zuckowski

TURNHALLENGEISTERSHOW

Mit den nachfolgenden Vorschlägen zu Musik und zur Nutzung von Großgeräten möchten wir die Übungsleiterinnen in die Lage versetzen, „zwei Fliegen mit einer Klappe zu schlagen". Zum einen bringen wir die Kinder in sehr kindgerechter Form und spielerisch dazu, Geräte wie Bänke, Kasteninnenteile, kleine Kästen, Matten und eventuell sogar Weichböden selbstständig zu transportieren und auf-, um- und abzubauen.

Diese Fähigkeiten werden uns zukünftig die Arbeit in der Turnhalle erleichtern. Zum anderen entsteht gleichzeitig eine Vorführungsidee, die bei Schauveranstaltungen, Festen oder ähnlichen Gelegenheiten Zuschauer nicht nur zu begeistern vermag, sondern ihnen ganz nebenbei einige Ziele des Kinderturnens demonstriert.

- Kinder turnen mit Spaß an Geräten.
- Kinder sind in der Lage, Geräteauf- und -umbauten selbst zu bewältigen.
- Kinderturnen fördert die Fantasie.
- Ein kindgerechtes Thema motiviert die Kinder in der Übungsstunde und darüber hinaus zu neuen und weiterführenden Aktivitäten.
- Kinder lernen im Kinderturnen (ganz nebenbei), mit anderen gemeinsam zu agieren, sich abzustimmen, kurzzeitig einmal die Führung zu übernehmen oder sich einzuordnen bzw. sich auch zurückzunehmen.
- Findet eine Vorführung außerhalb der eigenen Gruppe, des Vereins oder der Gemeinde statt, wird damit deutlich nach außen demonstriert: „Wir sind eine klasse Truppe!"

KLEINE TURNHALLENGESPENSTER

Wir möchten drei verschiedene Wege aufzeigen, wie mit einer Kleinkinder- oder Kindergruppe eine derartige Vorführung erarbeitet werden kann. Auch dabei steht Spielen und Spaßhaben im Vordergrund. Selbst das letztlich notwendige Proben kann spielerisch, kindgerecht und erlebnisreich gestaltet werden.

1. Mit der Gruppe gemeinsam den Turnhallengeistern auf die Spur kommen

Einleitend könnte die Frage der Übungsleiterin stehen, ob wohl auch in unserer Turnhalle kleine Geister wohnen. Die Vorschläge der Kinder, wie es aussieht, wenn nachts die kleinen Turnhallengeister erwachen und in der Halle herumschwirren, werden auf einem großen Plakat festgehalten.

Wenn die Vorstellungen der Kinder anfangs nicht sehr ergiebig scheinen, könnte die Übungsleiterin zunächst durch weitere Fragen die Fantasie anregen:

Gibt es unterschiedliche Turnhallengeister?
Wie könnten sie aussehen?
Meint ihr, dass es in der Halle still ist, wenn sie kommen oder kann man sie hören?
Schalten sie das Hallenlicht an?
Sind sie stark?
Was machen sie die ganze Nacht?
Können sie turnen wie wir?

KLEINE TURNHALLENGESPENSTER

Die Vorschläge werden anschließend in einer sehr freien Form nachgespielt. Hier ist besonders die Fantasie der Übungsleiterin gefragt, die versuchen sollte, die Ideen der Kinder spontan für die Stunde umzusetzen. Dabei können sicherlich einige Vorschläge von allen gemeinsam nachgespielt werden, während andere aus organisatorischen Gründen eine stärkere Lenkung durch die Übungsleiterin erfordern, z.B. Kleingruppen zusammenzustellen, die unabhängig voneinander Geisteraktionen spielen. Auf alle Fälle sollte eine große freie Experimentierphase entstehen, aus der sich recht schnell die Vorlieben der Kinder herauskristallisieren werden.

Nach unseren Erfahrungen kann man mit den Kindern drei oder sogar noch mehr Übungsstunden in dieser Spielidee ohne Motivationsverlust verbringen.

Die Übungsleiterin übernimmt dann den nächsten Schritt: Sie stellt die Ideen und Lieblingsaktivitäten der Gruppe so zusammen, dass eine Vorführung von ca. zehn Minuten Dauer daraus werden kann. Auf jeden Fall sollte sie auf die Suche nach einer Geistermusik gehen oder eine kleine Geschichte dazu erzählen.

Dann wird gemeinsam mit den Kindern eine endgültige Reihenfolge festgelegt und mit Kostümen ein- bis zweimal geprobt. Und dann – Vorhang auf!

KLEINE TURNHALLENGESPENSTER

2. Turnhallengeister kennen lernen, nachspielen und vorführen

Die Übungsleiterin erzählt, dass sie letzte Nacht von Turnhallengeistern geträumt hat. Ganz genau konnte sie erkennen, wie kleine Wesen nachts in der Halle herumgeisterten.

Da gab es Mattengeister, die nicht nur auf den Matten herumrollten, sondern auch gern unter den weichen Geräten hindurchkrochen.

Kastengeister hüpften über kleine Kästen und Kastendeckel oder krochen durch Kasteninnenteile.

Gleichzeitig sah sie Bankgeister, die sich bäuchlings über die Bänke zogen, um gleich danach mit ausgebreiteten Armen über alle anderen Geräte hinweg durch die ganze Halle zu schwirren.

Alle Geister allerdings waren so stark, dass sie die Geräte immer wieder von einer Ecke in die andere schleppten, neu aneinander stellten oder umbauten. War der Umbau gelungen, spielten und tollten sie wieder an allen Geräten herum.

KLEINE TURNHALLENGESPENSTER

Der Vorschlag, auch einmal wie kleine Hallengeister in der Halle zu spielen, wird von den Kindern ganz bestimmt mit Begeisterung aufgenommen. Die Halle wird ein wenig abgedunkelt und los geht's.

Die Gruppe teilt sich (je nach Gruppengröße) in

Bankgeister:	vier bis acht Kinder
Kastengeister:	zwei bis vier Kinder und
Mattengeister:	zwei bis vier Kinder.

KLEINE TURNHALLENGESPENSTER

Jede Geistergruppe holt sich ein Gerät aus dem Geräteraum und stellt es irgendwo in der Halle ab. Alle achten darauf, dass sich keine Geräte berühren.

Es erfordert Geduld und ein bisschen Übung, bis sich die Gruppe einig wird. Gebt auch den kleinen Kindern so oft wie möglich die Gelegenheit, sich am Gerätetransport, Auf- und Abbau aktiv zu beteiligen, denn nur durch Übung können sie es lernen.

Alle Geister testen ihr Gerät, jede Gruppe erfindet verschiedene Geisterrollen, Geistersprünge oder andere Übungen.

Nach kurzer Zeit werden die Geräte an einen anderen Platz getragen. Anschließend testen die Kinder sofort, ob die Übungen hier auch geturnt werden können.

Nach einer Weile werden neue Geistergruppen zusammengestellt. Jede Gruppe probiert zuerst, ob sie die neuen Geräte auch an einen anderen Platz transportieren kann.

Als Nächstes dürfen die Geräte auch zusammengebaut werden. So entstehen neue kleine Geisterlandschaften. Daran werden weitere Geisterkunststücke geprobt.

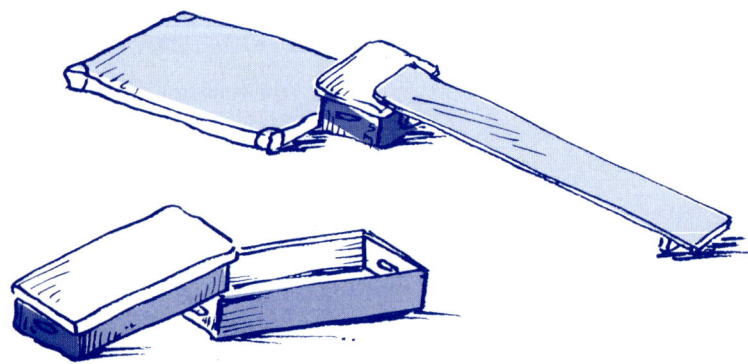

KLEINE TURNHALLENGESPENSTER

Die Übungsleiterin schreitet nur ein, wenn die Sicherheit gefährdet ist. Sie kann auch zusätzliche Bewegungsanregungen einbringen und – z.B. an den Matten – kurzzeitig Hilfestellung geben beim gespenstischen Versuch eines Geisterhandstands usw.

Innerhalb von zwei bis drei Übungsstunden wird sich herausstellen, ob für die Vorführung noch weitere Turnhallengeister, wie Weichboden- oder Barrengeist, Ringe- oder Stabgeist geweckt werden oder nicht. Das hängt natürlich auch von der Halle und der Größe der Vorführfläche ab.

Die Übungsleiterin bringt eine unheimliche oder spannende Instrumentalmusik mit und die Kinder alte weiße Laken oder Kopfkissenbezüge zum Verkleiden. Nun wird ein genauer Ablauf besprochen, die Gruppen für die Vorführung fest eingeteilt und noch ein-, zweimal geprobt.

Schließlich kann das Spiel beginnen – Licht aus – Spot an!

KLEINE TURNHALLENGESPENSTER

3. Unsere Turnhallengeistershow

Wir stellen euch unsere Turnhallengeistershow vor, die jede Gruppe (auch Eltern-Kind-Gruppen mit 3-5-jährigen Kindern) mit möglichst vielen mitwirkenden Geistern so wie beschrieben einüben und vorführen kann.

MATERIAL: Bänke, kleine Kästen, Kastendeckel, Matten, Weichboden (je nach Anzahl der Mitwirkenden).

KOSTÜME: Alle haben Geistergewänder aus weißen Tüchern an, eventuell mit Leuchtfolie verziert. Diese sind so gestaltet, dass trotzdem alle Bewegungen möglich sind.
Achtung: Unbedingt einmal mit den Kostümen in der Halle üben!

MUSIK: Teile der beiden Musiktitel der CD „Tip ... Tap ..." werden auf eine Musikkassette aufgenommen oder mit Hilfe von zwei CD-Playern abwechselnd eingespielt.
Titel 1: „Tip ... Tap ..." drei Sequenzen (0:00 bis 1:00 Min.).
Titel 16: „Schauerlich und unheimlich" drei Sequenzen (0:00 bis 1:40 Min.) werden abwechselnd eingespielt. Die Dauer der Musikteile muss in den Proben mit der Gruppe überprüft werden.

KLEINE TURNHALLENGESPENSTER

LICHT: Die Halle sollte für diese Vorführung abgedunkelt werden, darf aber aus Sicherheitsgründen nicht ganz dunkel sein. Eventuell Spots (Tageslicht- oder Diaprojektoren) von einigen Seiten hereinstrahlen lassen. Wenn die Möglichkeit besteht, können die zwei Musikphasen unterschiedlich beleuchtet sein. Die erste weiß und kalt, die zweite farbig bunt. Weitere optische Effekte lassen sich erzielen, wenn die kleinen Gespenster hin und wieder eine versteckt liegende Taschenlampe aufleuchten lassen.

VORBEREITUNG: Die Geräte stehen am Hallenrand bereit.

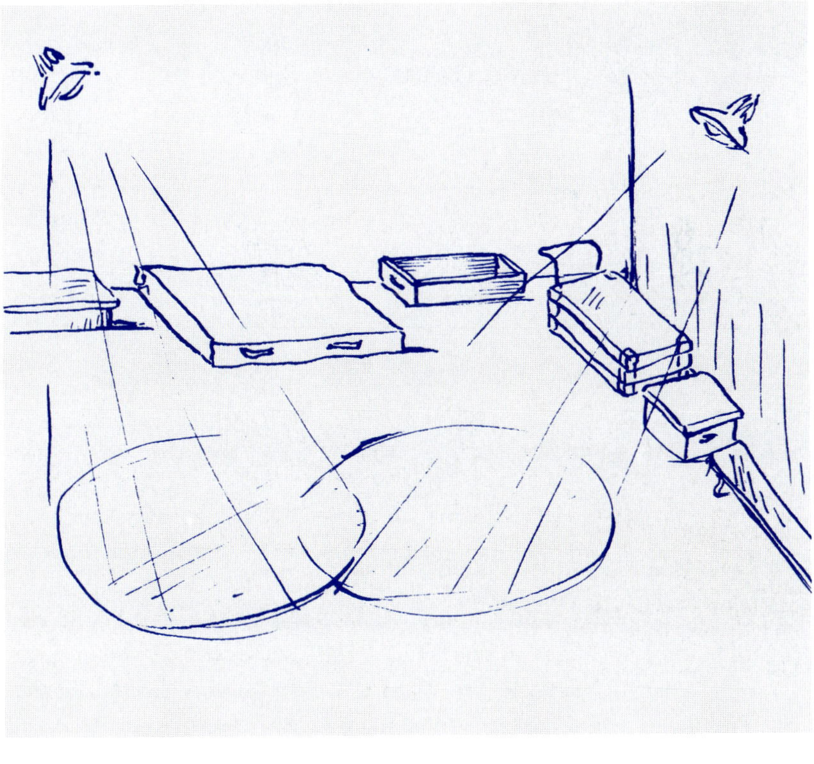

KLEINE TURNHALLENGESPENSTER

DER ABLAUF:

AUFTRITT: 1. Musikteil „Tip ... Tap ..."

Alle kleinen und großen Turnhallengeister erscheinen mit ihren Geräten in der Halle und stellen sie irgendwo ab. (Je nach Gruppengröße eventuell vorher Plätze verteilen.)

TEIL 1: 1. Musikteil „Schauerlich und unheimlich".

Die Turnhallengeister gehen, kriechen, laufen, kullern, purzeln, hüpfen oder ziehen sich über ihr Gerät.

TEIL 2: 2. Musikteil „Tip ... Tap ..."

Alle zeigen, dass sie immer noch ganz stark sind und tragen ihre Geräte an einen neuen Platz in der Halle.

TEIL 3: 2. Musikteil „Schauerlich und unheimlich".

Die Geister bewegen sich rückwärts über die Geräte, einige halten sich dabei auch an den Händen fest.

KLEINE TURNHALLENGESPENSTER

TEIL 4: 3. Musikteil „Tip ... Tap ..."

Alle bauen ihre Geräte zu kleinen interessanten Kombinationen zusammen.

TEIL 5: 3. Musikteil „Schauerlich und unheimlich".

Jetzt werden die Turnhallengeister mutig, sie zeigen richtige kleine Geisterübungen an den Geräten. Sie rollen, wo sie nur können, laufen auf Händen (Schiebkarre laufen) über einzelne Geräte, zeigen Geisterstreck- und Hocksprünge und ziehen sich auf dem Bauch die Bänke hinauf.

KLEINE TURNHALLENGESPENSTER

Am Ende der Musik geht plötzlich das Licht an und alle kleinen und großen Turnhallengeister erstarren da, wo sie sich gerade befinden, sacken zusammen und liegen tief schlafend überall auf den Geräten und in der Halle. Ein Wunder, dass die Zuschauer sie überhaupt noch sehen können.

Ob der Applaus der Zuschauer sie erweckt und sie ihre Geräte schnell und heimlich selbst verschwinden lassen oder ob ein starkes Gerätekommando erscheinen muss, um Geräte und Turnhallengeister sicher in den Geräteraum zurückzubringen, wisst nur ihr allein.

Viel Spaß beim Geistern!

KLEINGERÄTE
– ÜBLICHE UND UNGEWÖHNLICHE –

Häufig erleben wir die Situation, dass die Kinder sich von einem interessanten Spielgerät in der Halle nicht trennen mögen und die Tier-Frisbeescheibe oder den Igelball am liebsten mit nach Hause nehmen möchten.

Wenn wir uns unser Klein- bzw. Spielgerät selbst machen, ist das am Ende der Turnstunde kein Problem. So ist es mit Hubert, dem kleinen Schleudergespenst.

KLEINE TURNHALLENGESPENSTER

HUBERT, DAS KLEINE SCHLEUDER-GESPENST, TURNT MIT

Diesmal machen wir uns unser Kleingerät selbst. Es ist sehr schnell herzustellen und kann am Ende der Turnstunde mit nach Hause genommen werden und zur Wiederholung einiger Spielideen anregen. Wie Hubert aussieht und gebastelt wird, ist in der Kreativecke (S. 92) genau beschrieben.

In einer Hallenecke befinden sich die nötigen Bastelmaterialien und zuerst basteln wir uns alle gemeinsam unsere Schleudergespenster.

Wenn alle fertig sind, kann das Spiel beginnen:

◣ Jeder probiert aus, auf welche verschiedenen Arten Hubert fliegen kann.

◣ Gespensterweitwurf: Versucht, einmal zu testen, wie weit Hubert fliegen kann. Auf welche Weise legt er die längste Strecke zurück?

◣ Wie könnt ihr Hubert auffangen, wenn er durch die Luft fliegt?

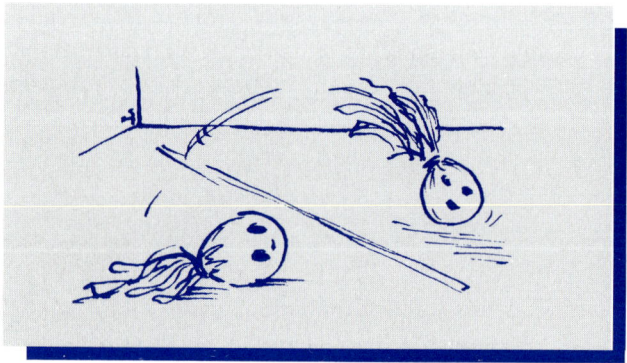

KLEINE TURNHALLENGESPENSTER

▸ Geisterschleuder:
Versucht einmal, Hubert so schnell wie möglich an dem Halteband durch die Luft zu schleudern.

▸ Hubert ist schrecklich müde geworden und bittet uns, ihn zu tragen. Welche Möglichkeiten fallen euch ein, ihn zu transportieren?

▸ Gespensterschaukel: Viele Huberts liegen auf einem Laken, welches von der Gruppe an den Seiten festgehalten wird. Nun werden sie sanft hin und her geschaukelt, schließlich etwas heftiger, bis sie mit Hilfe des Lakens in die Luft geschleudert werden ...

KLEINE TURNHALLENGESPENSTER

▰ Indiaca als Gruppenspiel für ältere Kinder: Probiert aus, wie und wie lange ihr gemeinsam ein Schleudergespenst in der Luft halten könnt, ohne dass es den Boden berührt.

▰ Partnerspiel: Findet zu zweit zusammen. Ein Partner sitzt auf dem Fußboden und hilft seinem Schleudergespenst, Geistergeräusche zu machen: er heult, ächzt, jault oder kreischt ... Der andere fliegt mit seinem Hubert um den Partner herum und versucht, seine Späße mit ihm zu treiben. So kitzelt er ihn mit den Fransen von Hubert im Gesicht, wuschelt ihm durch die Haare oder veranstaltet ähnlichen Schabernack.

▰ Wenn Gespensterkindern langweilig wird, dann spielen sie gerne fangen: Dazu spielt ein Kind oder ein Erwachsener mit seinem Schleudergespenst vor den Augen des Partners herum und flieht dann vor ihm.
Dieser versucht, das Schleudergespenst (und vor allem den Partner) zu fangen.
Anschließend werden die Rollen getauscht.

KLEINE TURNHALLENGESPENSTER

- Eine spannendere Variante dieses Spiels: Einem Mitspieler werden die Augen verbunden oder er schließt sie und versucht, Hubert durch Tasten mit den Händen zu finden. Der Partner hält das Schleudergespenst ruhig in einigem Abstand auf Greifhöhe fest.

- Oh Schreck, oh Schreck, Hubert, das kleine Schleudergespenst, ist weg. Alle Turnhallengeister suchen ihn in der gesamten Halle. Hat er sich vielleicht hinter der Weichbodenmatte verkrochen? Oder ist er im Geräteraum?
Vielleicht aber auch in der Umkleidekabine oder hinter einem aufgebauten Gerät?

KLEINE TURNHALLENGESPENSTER

Die Übungsleiterin versteckt Hubert als Erstes, während die Kinder bzw. Familien im Kreis sitzen, ihren Kopf auf die Knie legen und die Augen schließen. Sie ruft: „Oh Schreck, Hubert ist weg!" Und sofort schwärmen alle aus und suchen.

Anschließend dürfen auch die Kinder für sein geheimnisvolles Verschwinden sorgen. So kann beispielsweise immer jenes Kind, das Hubert gefunden hat, ihn in der nächsten Spielrunde verstecken.

BEWEGUNGSGESCHICHTE

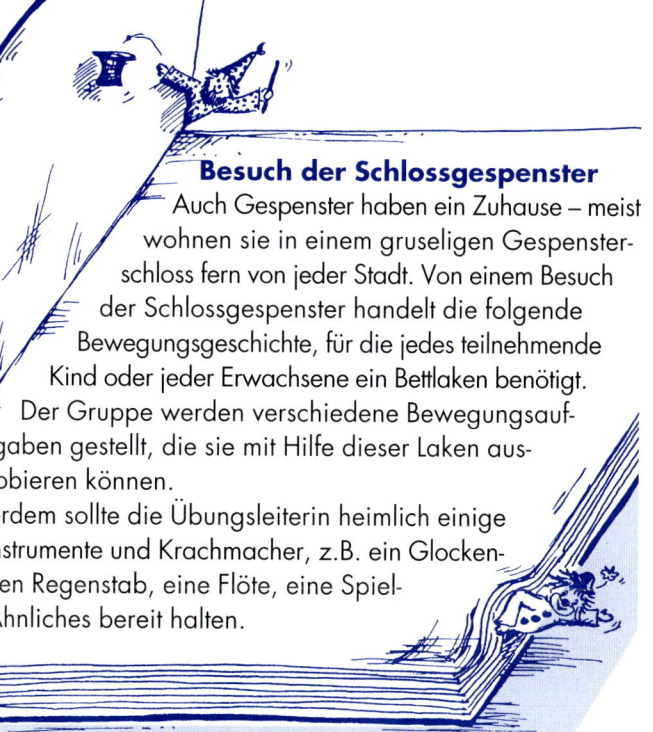

Besuch der Schlossgespenster

Auch Gespenster haben ein Zuhause – meist wohnen sie in einem gruseligen Gespensterschloss fern von jeder Stadt. Von einem Besuch der Schlossgespenster handelt die folgende Bewegungsgeschichte, für die jedes teilnehmende Kind oder jeder Erwachsene ein Bettlaken benötigt. Der Gruppe werden verschiedene Bewegungsaufgaben gestellt, die sie mit Hilfe dieser Laken ausprobieren können.

Außerdem sollte die Übungsleiterin heimlich einige Musikinstrumente und Krachmacher, z.B. ein Glockenspiel, einen Regenstab, eine Flöte, eine Spieluhr oder Ähnliches bereit halten.

KLEINE TURNHALLENGESPENSTER

 BESUCH DER SCHLOSSGESPENSTER

Stellt euch vor, wir besuchen die Schlossgespenster! Da das Schloss, in dem viele Gespenster leben, sehr weit entfernt liegt, dürfen wir dort auch übernachten. Um Mitternacht allerdings kann es passieren, dass wir wach werden, weil wir eigenartige Geräusche hören. Neugierig stehen wir auf, um nachzusehen, was geschieht. Einige Gespenster versammeln sich auf dem Festplatz des Schlosses und feiern eine Party. Es scheinen außerordentlich liebe und lustige Gespenster zu sein und zudem mögen sie wohl gerne Musik.

Alle gemeinsam spielen das Musikstoppspiel „Konzert im Geisterschloss" (siehe S. 26ff.).

Erst als wir uns die feiernden Gespenster genauer anschauen, merken wir, dass mit dem Schloss etwas nicht stimmt. Es scheint sich fortwährend zu verwandeln. Vielleicht ist es doch ein Zauberschloss?

Bei den nachfolgenden Aufgaben halten immer einige Eltern und Kinder Laken an den Zipfeln fest, sodass mehrere Dächer entstehen. Die Mitspieler wechseln sich hin und wieder ab, damit alle aktiv werden können.

KLEINE TURNHALLENGESPENSTER

Eltern und Kinder - *laufen oder kriechen unter den Dächern.*

Eltern und Kinder - *bewegen die Dächer wellenartig, während Einzelne darunter liegen.*

Eltern und Kinder - *bewegen sich mit den Dächern/Laken durch die Halle, die Teilnehmer, die sich darunter befinden, passen sich an.*

Die ganze Zeit weht ein eisiger Wind durch das Schloss, sodass die Vorhänge wehen und die geöffneten Türen auf- und zuschlagen.

Eltern und Kinder - *bewegen ihr Laken auf verschiedene Arten, sodass sanfte Brisen und ein donnernder Gespensterorkan aufkommen.*

Es kommen immer mehr Gespenster in Kutschen herbeigefahren, denn alle haben von der Party gehört und wollen daran teilnehmen.

Eltern - *verwandeln die Laken in Gespensterkutschen und ziehen sich sitzend oder liegend auf dem Laken durch die Halle.*

KLEINE TURNHALLENGESPENSTER

Einige der gespenstischen Gäste vergnügen sich sogar in einer Gespensterschaukel:

Eltern und Kinder - versuchen, mit anderen Familien gemeinsam herauszufinden, wie man die Laken als Gespensterschaukel benutzen kann (Vorsicht: Laken hoch genug halten, damit die Rücken nicht auf den Boden schlagen).

Andere Gespenster fliegen über dem Schlosshof hin und her.

Eltern und Kinder - stellen sich vor, dass das Bettlaken ein Gespenst ist und lassen es auf verschiedene Art und Weise fliegen.

KLEINE TURNHALLENGESPENSTER

Wieder andere Gespenster amüsieren sich bei einer rasanten Karussellfahrt:

Eltern und Kinder - spielen mit dem Laken, auf dem ein oder zwei Kinder sitzen, Karussell. Dabei geht es immer fleißig im Kreis herum.

Einige Gespenster haben sich für diese Feier extra fein gemacht. In ihren Kleidern stolzieren sie eitel auf und ab, bis ein jeder sie gesehen hat.

Eltern und Kinder - drapieren ihr Laken zu immer neuen Gespenstergewändern.

KLEINE TURNHALLENGESPENSTER

Überall in diesem merkwürdigen Schloss erklingt Musik, und die Gespenster, die bekanntlich besser hören können als sehen, folgen den Tönen:

Eltern und Kinder - verstecken sich gemeinsam unter den Laken und versuchen nun, blind den unheimlichen Geräuschen zu folgen.

Die Übungsleiterin - macht mit verschiedenen Instrumenten Musik, die Gespenster horchen, aus welcher Richtung diese kommt und folgen dem Geräusch.

Manche Gespenster machen sich einen Spaß daraus, andere Gäste zu erschrecken.

Eltern und Kinder - teilen sich in zwei Gruppen. Die eine Gruppe sucht sich gemeinsam ein Versteck. Die andere Gruppe denkt sich gruselige Geräusche aus, sucht alle anderen und erschreckt sie.

KLEINE TURNHALLENGESPENSTER

Doch plötzlich wird es mucksmäuschenstill im Hof des alten Schlosses. Unser Blick wandert zur Eingangstür und was dort zu sehen ist, ist wirklich beeindruckend: Ein riesengroßes Riesengespenst erscheint.

Alle - *stellen gemeinsam mit allen Laken das Riesengespenst dar.*
Ob es sich vorwärts und rückwärts bewegen kann?
Ob es tanzen kann?
Welche Geräusche macht es?
Wie sieht es aus, wenn es wieder verschindet?

Aus lauter Schreck über das Riesengespenst haben sich viele Gespenster in gespenstische Schildkrötenpanzer zurückgezogen und krabbeln gemütlich und geschützt durch die Menge.

Eltern und Kinder - *kriechen mit den Laken über den Körpern (nur der Kopf guckt raus) umher.*

KLEINE TURNHALLENGESPENSTER

Langsam beruhigen sich alle kleinen und großen Gespenster wieder und einige spielen im Irrgarten Verstecken.

Alle Eltern -	*verteilen sich in der ganzen Halle und halten die Laken so aneinander, dass ein Irrgarten entsteht.*
Kinder -	*gehen, kriechen oder schweben mutig hinein und versuchen, den Ausgang zu finden.*

Wer aus dem Labyrinth herausfindet, merkt bald, dass es auf dem Schlosshof heller wird und noch bevor der Tag beginnt, bringen sich alle kleinen und großen Schlossgespenster in Sicherheit.

Eltern-	*legen sich auf den Boden.*
Kinder-	*decken die Eltern mit allen Laken zu und kriechen am Ende mit unter die Geisterdecken.*

Wie lange? Bis zu unserem nächsten Besuch! Wer weiß, vielleicht dürfen wir dann sogar in das Gespensterschloss hinein. Wer Lust hat, kann an dieser Stelle mit dem Bau eines Geisterschlosses (siehe Großgeräte – Bewegungslandschaften, S. 56ff.) weitermachen.

GROSSGERÄTE – BEWEGUNGSLANDSCHAFTEN

Zu einer richtigen Gespensterturnstunde gehört selbstverständlich auch ein gruseliges Geisterschloss, das die Kinder erkunden können. In so einem alten Gemäuer ist alles vorhanden, was Gespenster und natürlich auch Kinder spannend finden: Möglichkeiten zum Schaukeln, Klettern, Springen, Kriechen und vieles andere, was das Herz begehrt.

Der Bau eines Geisterschlosses dauert normalerweise viele hundert Jahre, doch wir in der Turnhalle schaffen dies natürlich viel schneller – oder?

 **KLEINE TURNHALLENGESPENSTER**

 DAS GEISTERSCHLOSS

Für den Aufbau des Geisterschlosses raten wir zu einer Methode, die hauptsächlich darauf abzielt, die Gruppe (im Eltern-Kind-Turnen besonders die Erwachsenen) selbst zu aktivieren. Alle Beteiligten sollen ihre Fantasie spielen lassen, einen Teil der Großgerätelandschaft nach eigenen Ideen entwerfen, selbstständig Geräte auswählen und entsprechend aufbauen.

Den eigenständigen Umgang mit Großgeräten müssen Eltern und Kinder lernen dürfen, daher bieten wir hier verschiedene Stufen für den Bau dieses Geisterschlosses an.

Zuerst entsteht unter der Anleitung der Übungsleiterin nur der Schlossinnenhof in der Mitte der Halle aus zwei aneinander gelegten Weichböden.

Anschließend werden die Teilnehmer in fünf Kleingruppen aufgeteilt, jede dieser Gruppen erhält die Aufgabe, einen bestimmten Gebäudeteil an den Schlossinnenhof anzubauen.

KLEINE TURNHALLENGESPENSTER

1. Baupläne mit Fotokopiervorlagen des Aufbaus mit Materialliste

Für Gruppen mit geringer Erfahrung im Umgang mit Großgeräten, denn die Teilnehmer müssen „nur noch" nachbauen.

2. Baubeschreibungen mit Materialliste

Für Gruppen mit Erfahrungen im Bau von Gerätelandschaften, denn hier ist Fantasie gefragt, aus den vorgegebenen Materialien den Bauauftrag zu erfüllen.

3. Bauaufträge ohne weitere Vorgaben

Für Gruppen, die viel Eigeninitiative in die Turnstunde einbringen.

Besonders spannend ist es, wenn die Gruppen geheime Zettel mit Bauanweisungen ziehen und nach Fertigstellung von den anderen geraten wird, was die von den anderen Gruppen errichteten Gebäudeteile darstellen.

KLEINE TURNHALLENGESPENSTER

BAUPLAN 1: EIN IRRGARTEN ODER LABYRINTH

MATERIAL: Ein Bodenläufer, zwei Kasteninnenteile, zwei Bänke, eine Matte

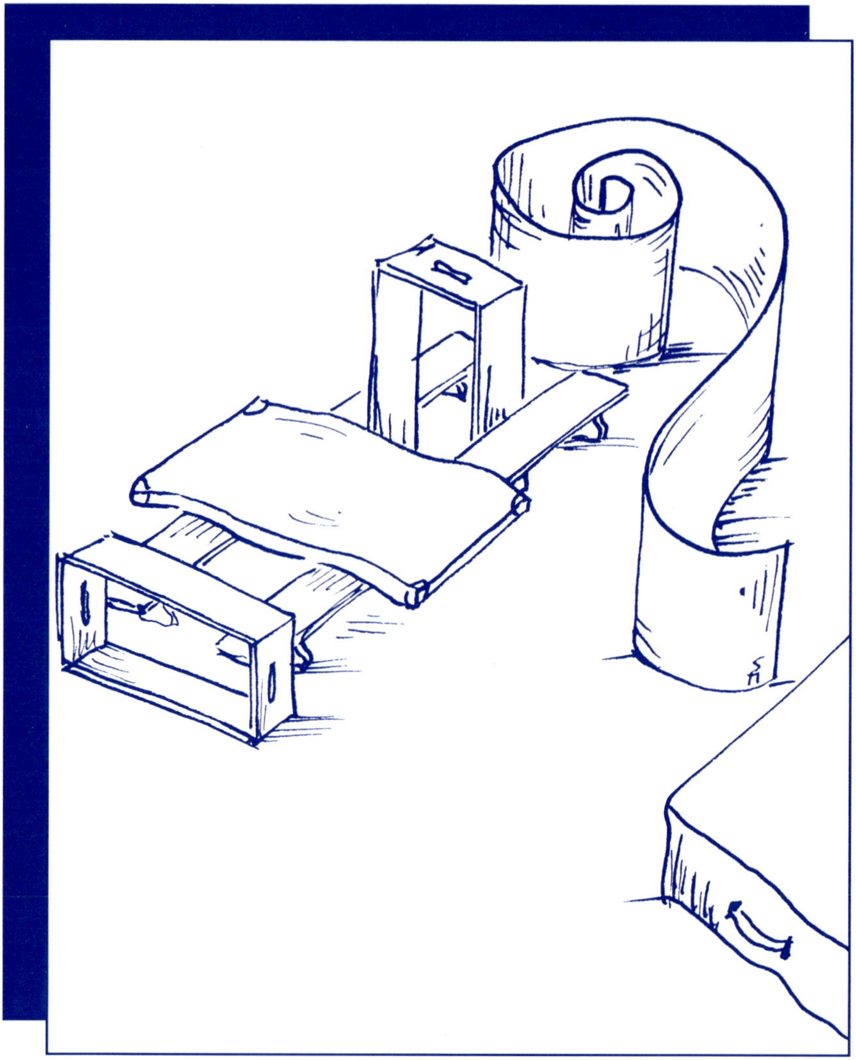

KLEINE TURNHALLENGESPENSTER

BAUPLAN 2: EIN GEHEIMTUNNEL

MATERIAL: Zwei kleine Kästen, eine Matte, ein Kriechtunnel.

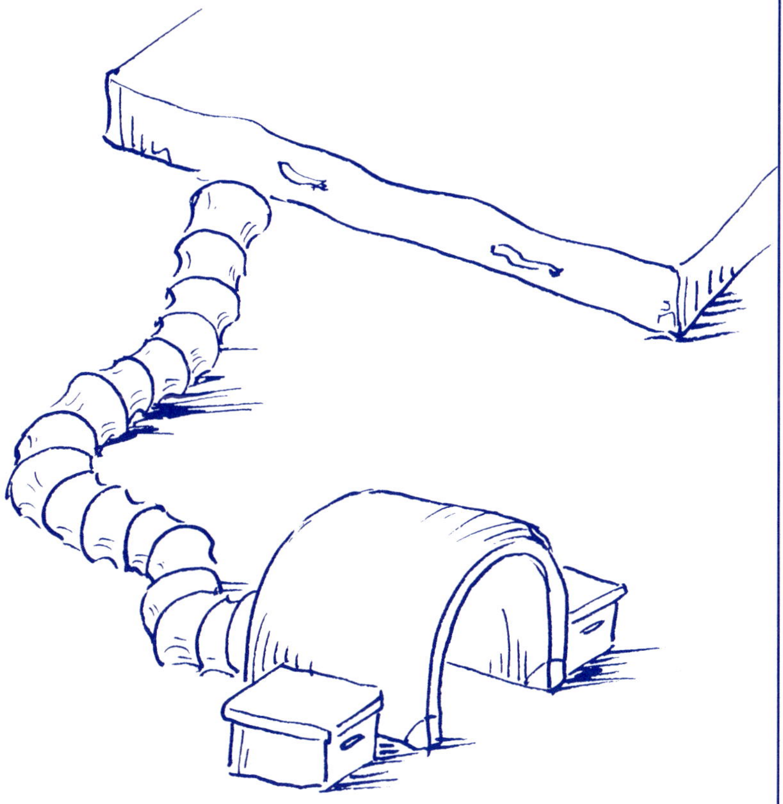

 KLEINE TURNHALLENGESPENSTER

BAUPLAN 3: EINE BRÜCKE ÜBER DEN WASSERGRABEN

MATERIAL: Ein Kasten (vierteilig), eine Bank.

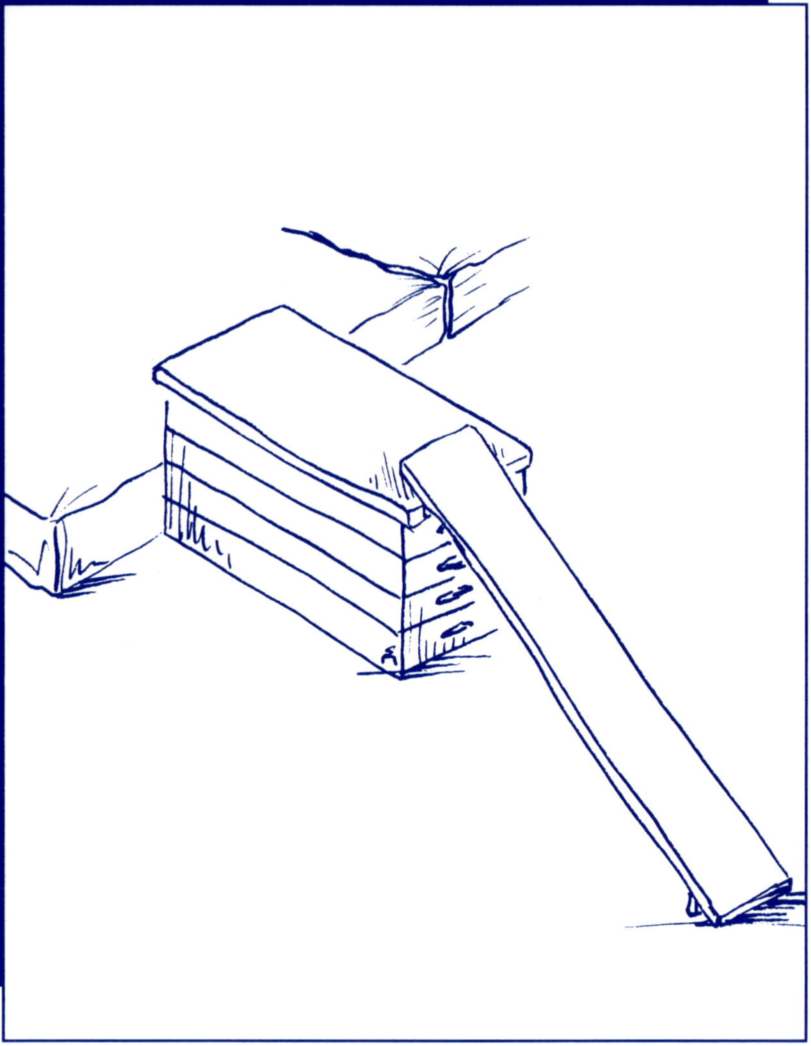

KLEINE TURNHALLENGESPENSTER

BAUPLAN 4: EIN RIESENSPINNENNETZ

MATERIAL: Ein Barren, Seile/Zauberschnur/Wollfäden, zwei Matten.

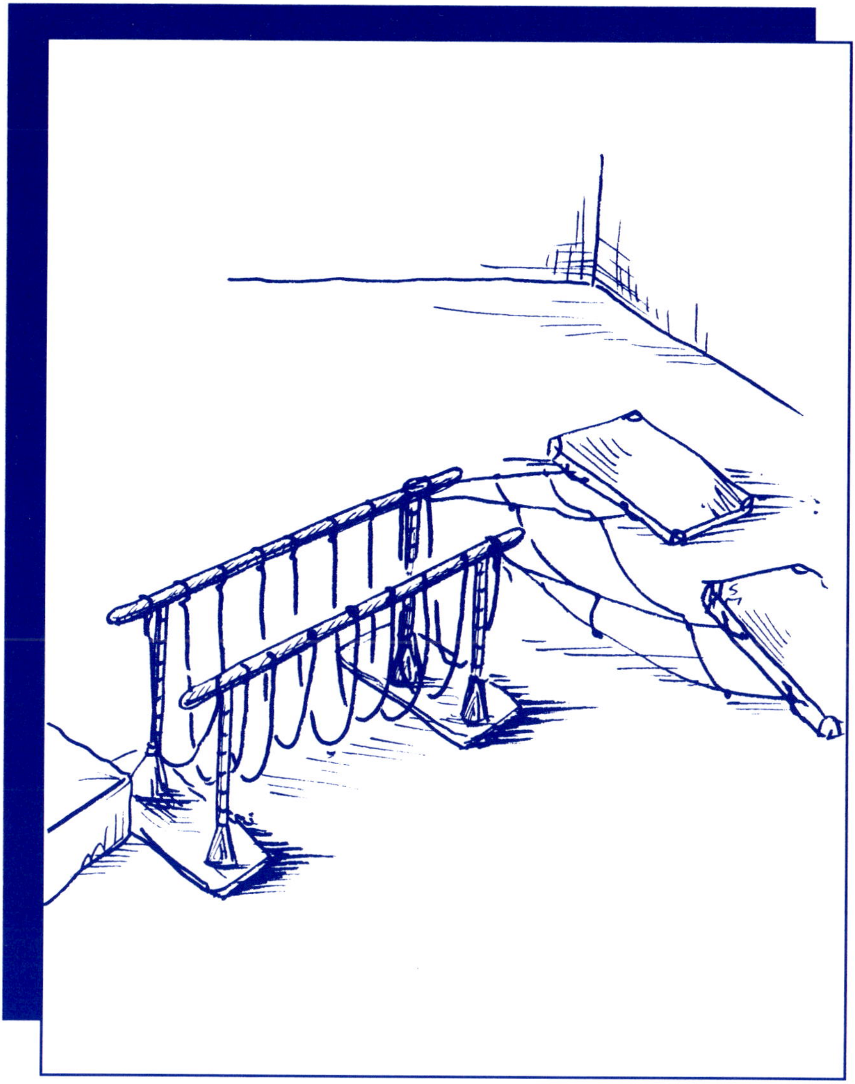

KLEINE TURNHALLENGESPENSTER

BAUPLAN 5: EIN SCHLOSSTURM

MATERIAL: Dreiteilige Kastentreppe, Matten, eventuell Taue.

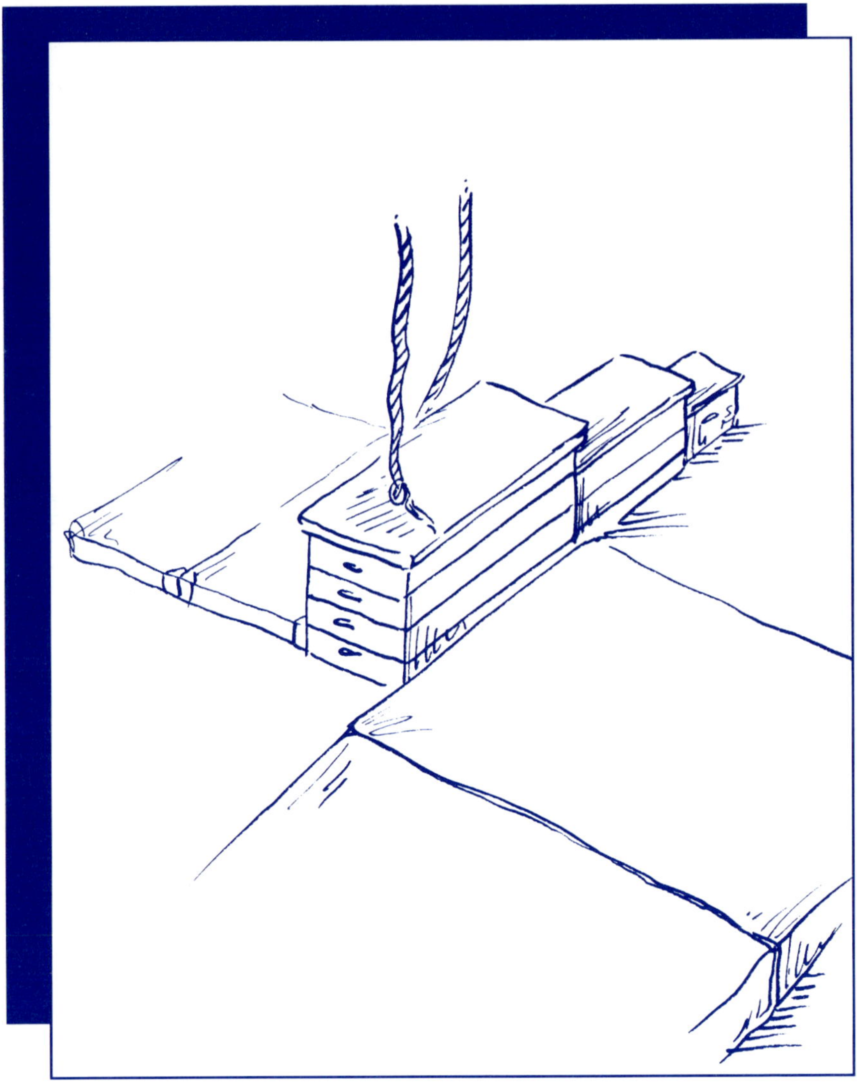

KLEINE TURNHALLENGESPENSTER

Die Übungsleiterin überprüft die Materiallisten hinsichtlich der zur Verfügung stehenden Materialien und ergänzt oder streicht diese von der Baubeschreibung.

BAUBESCHREIBUNG 1:

Baut bitte einen Irrgarten/ein Labyrinth für das Geisterschloss!
Denkt bitte daran, an den Schlosshof anzubauen (an die beiden Weichböden).

Ihr dürft folgende Materialien verwenden:
4-6 Kasteninnenteile, zwei Bänke, Decken, einen Barren.

BAUBESCHREIBUNG 2:

Baut bitte einen Geheimtunnel für das Geisterschloss!
Denkt bitte daran, an den Schlosshof anzubauen
(an die beiden Weichböden).

Ihr dürft folgende Materialien verwenden:
Matten, Bänke, kleine Kästen, Schwungtuch/Fallschirm (alternativ Decken oder Laken).

KLEINE TURNHALLENGESPENSTER

BAUBESCHREIBUNG 3:

Baut bitte eine Brücke zum Geisterschloss über einen Wassergraben!
Denkt bitte daran, an den Schlosshof anzubauen
(an die beiden Weichböden).

Ihr dürft folgende Materialien verwenden:
Bänke/Schwebebalken, Matten, kleine Kästen.

BAUBESCHREIBUNG 4:

Baut bitte ein Riesenspinnennetz für das Geisterschloss!
Denkt bitte daran, an den Schlosshof anzubauen
(an die beiden Weichböden).

Ihr dürft folgende Materialien verwenden:
Seile, Zauberschnur, Therabänder, Tücher, Materialien zum Anbinden (Korbballständer, Sprossenwand, Pferd o.ä.).

BAUBESCHREIBUNG 5:

Baut bitte einen Schlossturm, auf den man klettern kann!
Denkt bitte daran, an den Schlosshof anzubauen
(an die beiden Weichböden).

Ihr dürft folgende Materialien verwenden:
Kästen, Pferd, Bock, Weichboden/Matten, Leiter, Bank, Barren oder Reck.

KLEINE TURNHALLENGESPENSTER

Bauaufträge können den Gruppen folgende Anregungen geben, hierbei übernimmt die Übungsleiterin die Rolle der Koordinatorin im Hinblick auf die zur Verfügung stehenden Geräte und Materialien:

BAUAUFTRAG 1:

Baut bitte einen Irrgarten/ein Labyrinth für das Geisterschloss!
Denkt bitte daran, an den Schlosshof anzubauen (an die beiden Weichböden).

BAUAUFTRAG 2:

Baut bitte einen Geheimtunnel für das Geisterschloss!
Denkt bitte daran, an den Schlosshof anzubauen (an die beiden Weichböden).

BAUAUFTRAG 3:

Baut bitte eine Brücke zum Geisterschloss über einen Wassergraben!
Denkt bitte daran, an den Schlosshof anzubauen (an die beiden Weichböden).

KLEINE TURNHALLENGESPENSTER

BAUAUFTRAG 4:

Baut bitte ein Riesenspinnennetz für das Geisterschloss! Denkt bitte daran, an den Schlosshof anzubauen (an die beiden Weichböden).

BAUAUFTRAG 5:

Baut bitte einen Schlossturm, auf den man klettern kann! Denkt bitte daran, an den Schlosshof anzubauen (an die beiden Weichböden).

ATTRAKTIVE AKTION

Wie viele es auf der Welt gibt, weiß niemand, ganz sicher ist aber, dass alle kleinen Geister und Gespenster in die Gespensterschule gehen, egal, wo sie wohnen.
Vom ersten Tag an, an dem sie es schaffen tagsüber durchzuschlafen, besuchen sie die Mitternachtsschule und bleiben dort so viele Jahre wie sie Spaß haben.

Stundenpläne gibt es wie in jeder Schule, denn schließlich sollen auch die nächtlichen Geisterstunden nach einer gewissen Ordnung ablaufen.

Sicher fragt ihr euch jetzt, ob es denn überhaupt erlaubt ist, mit Turnkindern eine Gespensterschule zu besuchen.
Ganz genau wissen wir es nicht – allerdings, lest doch einfach einmal die nächsten Seiten und entscheidet dann selbst, ob ihr mit euren Kindern diesen geheimnisvollen Ausflug wagen möchtet.

KLEINE TURNHALLENGESPENSTER

 **IN DER GESPENSTERSCHULE**

In jeder Gespensterschule geht es für die jungen und alten Schüler einzig und allein darum, die hohe Auszeichnung einer Gespensterklapper zu erhalten. Diese darf nämlich am Ende eines Schultages mit nach Hause genommen werden. Dort werden alle Klappern gesammelt und in den Geisterstunden der Nächte oder auf Geisterkonzerten eingesetzt.

Je mehr Klappern ein Gespenst erworben hat, umso lauter kann es natürlich herumspuken und auch unliebsame Geister vertreiben. In vielen Gespenstergeschichten wird davon berichtet, dass es urururalte Ge-spenster geben soll mit Millionen von Klappern.

Sehen wir uns so eine Schulnacht einmal genauer an. Sie besteht meistens aus vier Unterrichtseinheiten:

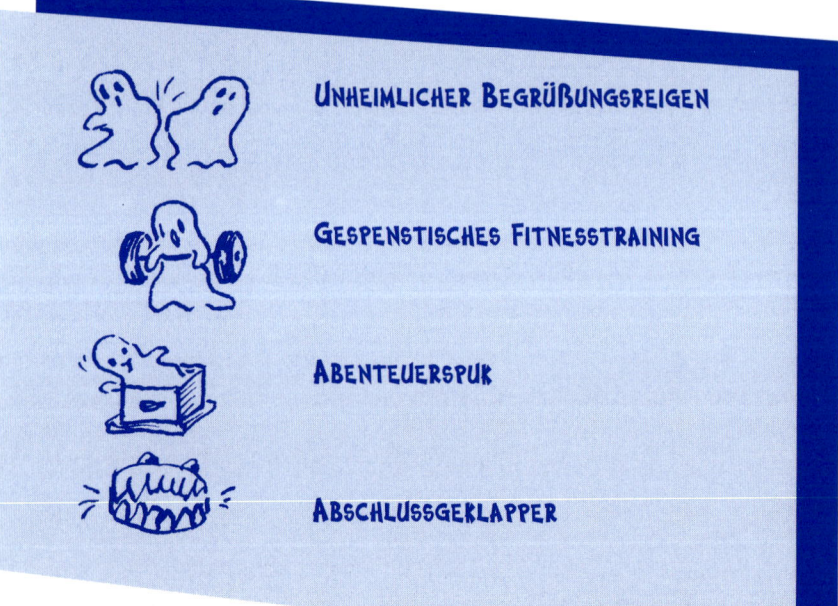

KLEINE TURNHALLENGESPENSTER

Was in den Unterrichtseinheiten genau passiert, weiß nur der diensthabende Meister-Geister. Er sucht sich aus dem dicken Geisterbuch „Hier gespenstert was" die zur jeweiligen Stimmung passenden oder für die Gruppe wichtigen Themen und Praxiseinheiten heraus.

In der echten Gespensterschule dauert eine Schulnacht ja nur eine Stunde – die Geisterstunde zwischen 12.00 Uhr nachts und 1.00 Uhr. Wir haben in unseren Turnhallen das Glück, dass wir je nach Lust, Laune und Hallenzeit so viel Gespenstertraining erleben können, wie wir möchten.

 ### UNHEIMLICHER BEGRÜSSUNGSREIGEN

Die Gespenster dürfen ja, wie schon beschrieben, erst wenn sie tagsüber durchschlafen, die Schulhalle betreten.

Alle sind versteckt unter einem Tuch in der Mitte der Halle oder in allen Ecken.

Schon beginnt die Kirchturmuhr aus der Ferne zu schlagen. Mit dem ersten Augenaufschlag räkeln sich die Schüler und beginnen jede Schulnacht mit dem schwierigen Gespenstereinmaleins.

KLEINE TURNHALLENGESPENSTER

Gespenstereinmaleins:

1x1	Sprechtext	Bewegungen
1	Ist hoppel-hopps … 1	Ein Schlusssprung mit lauter Landung
2	Ist stumpel-stampf … 1, 2	Zwei Fußstampfer auf den Boden
3	Ist donner-schlag … 1, 2, 3	Drei Handschläge auf den Boden
4	Ist klapper-klatsch … 1, 2, 3, 4	Vier Klatscher
5	Ist patsche-patsch … 1, 2, 3, 4, 5	Fünf Patscher auf die Oberschenkel
6	Ist duppel-dupp … 1, 2, 3, 4, 5, 6	Sechs Fausttrommler auf den Brustkorb

KLEINE TURNHALLENGESPENSTER

– Fotokopiervorlage –

 Ist blubber-blubb …   Sieben Zeigefinger-
1, 2, 3, 4, 5, 6, 7   blubber
an der Unterlippe

 Ist öbbel-öbbs …   Acht Fingerklopfer
1, 2, 3, 4, 5, 6, 7, 8   gegen die aufge-
blasenen Wangen

 Ist schnippel-schnipps   Neun Fingerschnipser
1, 2, 3, 4, 5, 6, 7, 8, 9

 Ist eulen-heul …   Zehn Heuler
1, 2, 3, 4, 5, 6, 7, 8, 9, 10

 ist zischel-zisch …   Elf Zischellaute
1, 2, 3, 4, 5, 6, 7, 8, 9, 10, 11

 ist flatter-flapps …   Zwölf leise Gespenster-
1, 2, 3, 4, 5, 6, 7, 8, 9, 10, 11, 12   flügelbewegungen
auf und ab

KLEINE TURNHALLENGESPENSTER

Das Gespenstereinmaleins endet um Punkt 12.00 Uhr Mitternacht und alle Schüler versammeln sich in der Hallenmitte.

Die Geisterrunde

Eine Vorstellungsrunde aller anwesenden Gespenster und Geister:

Der Erste beginnt – ruft, spricht, flüstert oder stöhnt:
„Hu, hu, hu, ich bin der Schlottergeist", schwebt bzw. schlottert dabei in die Kreismitte und sofort auf den Platz zurück.

Alle anderen schweben am Platz einmal im Kreis herum und wiederholen: „Hu, hu, hu, da ist der Schlottergeist."

Der zweite Schüler übernimmt das Spiel mit einer neuen Namensidee, Polter-, Flatter-, Zittergeist ...

Beim ersten Spielen ist es eventuell sinnvoll, gemeinsam unterschiedliche Gespenster- und Geisternamen zu sammeln.

Mit etwas Übung kann diese Runde ein Schwindel erregendes Tempo erreichen. In diesem Spiel darf es kein Problem sein, wenn Kinder einen Namen einfach wiederholen.

KLEINE TURNHALLENGESPENSTER

Verschwinden und Verstecken

Es ist wohl eine der wichtigsten Übungen, die ein Gespenst lernen muss: still und leise zu verschwinden, sich zu verstecken und im richtigen Moment wieder zu erscheinen. Die Meister-Geister haben sich hierfür etwas Besonderes ausgedacht.

In der Hallenmitte liegt ein großes Gespenstertuch (große Gardine oder eine Abdeckfolie), zusätzlich werden 4-8 (je nach Gruppengröße) einzelne Laken, Decken, Tücher in der Halle verteilt.

Alle verstecken sich unter den Tüchern. Sobald Musik erklingt – ein Musikgespenst bedient die Anlage – schweben die Geisterwesen im Raum umher, bis die Musik stoppt. Nun heißt es sich schnell zu verstecken.

Allerdings gibt es noch eine besondere Geisterspielregel: Alle kleinen Laken sind äußerst bedeutsam, sie dürfen in keiner Runde leer bleiben. Passiert dies trotzdem, wird das Laken eingesammelt. Einer der versteckten Schüler unter einem der kleinen Laken wird der Musikgeist für die nächste Runde. Die Musik beginnt wieder und alle schleichen aus ihren Verstecken hervor.

Der jeweilige Musikgeist kann auch Bewegungen vorgeben: schwebend, auf Zehenspitzen, in kleinen Kreisen, trampelnd usw.

Es darf so lange gespielt werden, bis keine kleinen Laken mehr in der Halle sind oder so lange es Spaß macht.

KLEINE TURNHALLENGESPENSTER

Die Turnhallengeisterstunde

Dieses Lied (siehe Seite 15) ist eines der beliebtesten jeder Gespensterschule und wird auch gern in den kurzen Pausen gesungen.

Gespenstersprache

Der Gespenstersprachunterricht findet unter dem großen Tuch in der Hallenmitte statt. Dazu heben alle gemeinsam das Tuch so hoch es geht, ziehen es hinter dem Rücken bis unter den Po und setzen sich innen auf den Rand.

Der Meister-Geister liest Satz für Satz die nachfolgende Geschichte vor und die Schüler reagieren darauf an den gekennzeichneten Stellen —
— mit passenden Geräuschen:

Spuk im Wald und im Schloss Schauerlich

Stellt euch vor, ihr lauft durch einen großen, gespenstischen Wald. Um euch herum hört ihr es flüstern, tuscheln und rauschen. — —

Weit entfernt hört ihr ein Eulengeheul, — —

aus einer anderen Richtung heulen Wölfe — —

Es wird dunkler und es kommt ein leichter Wind auf. —

KLEINE TURNHALLENGESPENSTER

Als ihr weitergeht, hört ihr einen Bach rauschen. —— ——

Ein kleines Tier flüchtet, es knacken kleine Zweige und Blätter rascheln. —— ——

Die Sonne verfinstert sich und es stürmt und regnet. —— ——

Ich wollt schnell nach Hause laufen. Aber da rufen viele Stimmchen: „Hilfe, Hilfe, Hilfe." —— ——

Doch ihr rennt trotzdem los und steht plötzlich vor einem alten, verfallenen Schloss. Ein Fenster schlägt auf und zu. —— ——

Irgendwo quietscht eine offene Tür in den Angeln. —— ——

Um nicht klitschnass zu werden, geht ihr in dieses Schloss. Die Tür schlägt hinter euch zu. —— ——

Vom Dachboden und aus dem Keller hört ihr ein schauerliches Wimmern, Stöhnen, Schluchzen und Ächzen. —— ——

Es ist sehr unheimlich hier und dunkel. Plötzlich kommen Schritte auf euch zu. —— ——

Ihr lauft weg, aber die Schritte werden auch schneller. —— ——

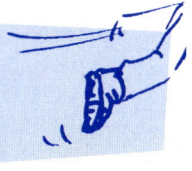

KLEINE TURNHALLENGESPENSTER

Voller Angst wollt ihr aus dem Schloss fliehen, aber die Tür ist fest verschlossen. Ihr hämmert mit euren Fäusten dagegen. — —

Die Tür lässt sich nicht öffnen und das Wimmern, Stöhnen, Schluchzen und Ächzen wird immer deutlicher und lauter. — —

Mit all eurem Mut dreht ihr euch um und beginnt laut zu trampeln und wie von Geisterhand wird das Schloss weggezaubert (alle heben am Ende das Tuch hoch).

GESPENSTISCHES FITNESSTRAINING

Wie jeder weiß, werden Gespenster urururalt. Damit sie aber nicht klapprig oder unbeweglich werden, lernen sie schon in der Gespensterschule die notwendigen Übungen kennen, um sich allein, zu zweien oder in einer kleinen Geisterschar fit zu halten.

Die Gespensterkette

Alle sitzen, hocken, liegen am Boden. Der Meister-Geister läuft mit einem Gespenstergewand (Laken, Folie) bekleidet durch die Halle, mit ausgebreiteten Armen, mal mit kreisenden Armen, mal seitwärts, mal auf allen vieren usw. Während des Laufens berührt er nacheinander einige Sitzende. Diese stehen auf und schweben sofort mit den gleichen Bewegungen dicht hinter ihm her.

KLEINE TURNHALLENGESPENSTER

Er läuft immer neue Wege und Figuren.

Wenn er nicht mehr kann oder möchte, setzt er sich auf den Boden. Mit ihm dürfen sich auch die nächsten beiden Läufer hinsetzen. Der neue Anführer erhält den Umhang, läuft weiter und setzt das Spiel fort, bis auch er müde wird.

Ein stetiges Wechselspiel zwischen Laufen und Ausruhen ist die Folge. Gespenstergruppen mit guter Kondition schweben auf diese Art und Weise so viele Minuten durch den Raum wie der älteste (Kinder-) Schüler alt ist. Je länger desto besser!

Die Räkel-, Reck- und Streckminuten

Jedes Gespenst möchte größer, breiter und länger werden in seinem Leben. Dazu versucht es immer wieder, alle Glieder zu strecken.

- Auf Zehenspitzen gehen und die Arme über den Kopf strecken.

- Im Stand die Füße so weit wie möglich auseinander rutschen bzw. laufen lassen (von der Grätsche bis zum Spagat).

KLEINE TURNHALLENGESPENSTER

- Im Knieliegestütz (Geübte im Liegestütz) mit den Händen so weit wie möglich nach vorn laufen.

- Im Knieliegestütz (Geübte im Liegestütz) mit den Händen so weit wie möglich seitwärts auseinander laufen.

- Aus dem Hockstand, die Hände bleiben am Boden, mit den Füßen so weit wie möglich nach hinten laufen und wieder zurück. Wer schafft das mit ganz geraden Beinen?

- In der Bauchlage die Arme neben die Ohren legen und mit den Fingerspitzen immer noch ein Stückchen weiter nach vorne greifen oder beide Arme gestreckt anheben.

- In der Bauchlage die Stirn in die Hände legen und mit den Zehen so weit es geht nach hinten krabbeln.

- Im Grätschsitz mit den Händen nacheinander jede einzelne Fußspitze berühren. Wer kann dabei mit der Nase, mit dem Kinn oder dem Bauch das Bein berühren?

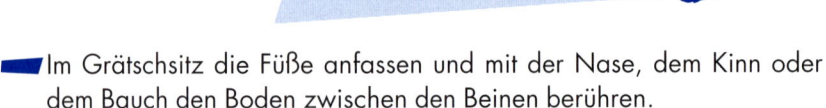

- Im Grätschsitz die Füße anfassen und mit der Nase, dem Kinn oder dem Bauch den Boden zwischen den Beinen berühren.

Bei all diesen Übungen bleiben die Gespensterarme und -beine möglichst immer ganz gestreckt.

KLEINE TURNHALLENGESPENSTER

Schweben - allein - zu zweien - oder in der Gruppe

Das lautlose Schweben ist eine der größten Künste aller geisterhaften Wesen. Das will gut gelernt sein.

Mit dem Partner üben die kleinen Schüler zunächst:

- Ein Gespenst liegt möglichst steif auf dem Bauch oder auf dem Rücken, das andere zieht es an den Armen (Füßen) von einer Stelle zur anderen.

- Schiebkarrelaufen, dabei hält das eine Gespenst das andere an den Oberschenkeln fest.

- Ein Gespenst stützt mit möglichst guter Körperspannung rücklings auf dem Boden, das andere versucht nun, beide Beine an den Fußgelenken anzuheben.

KLEINE TURNHALLENGESPENSTER

▪ Ein Gespenst sitzt im Schneidersitz, die beiden anderen fassen unter die Arme und versuchen, es anzuheben bzw. wegzutragen.

▪ Ein Gespenst steht, die beiden anderen fassen jeweils die Hände und unter die Achseln. Das Gespenst springt vom Boden ab, die beiden Helfer unterstützen diese Bewegung und versuchen, es ein Stück vorwärts schweben zu lassen.

▪ machen eine Bank.

▪ legen sich mit dem Bauch quer auf diese Bank und lassen Arme und Beine möglichst gestreckt in der Luft schweben.

▪ liegen auf dem Rücken und heben ihre Beine an.

▪ fliegen möglichst ganz gestreckt und voller Anspannung auf den Füßen. Wer schafft es, ohne sich an den Eltern festzuhalten?

KLEINE TURNHALLENGESPENSTER

▸ helfen ihren Kindern beim ersten großen Gespensterflugversuch.

▸ stützen sich auf die Schultern eines Gespensterelternteils, während die beiden anderen die Beine hoch in der Luft halten. So geht es von einer Seite der Halle zur anderen.

▸ liegen bäuchlings auf einem langen Kasten und gucken mit dem Kopf und lang ausgestreckten Armen über das Kastenende hinaus.

▸ ergreifen ihr kleines Gespenst. Eine Hand greift von hinten unter die Achselhöhle, die andere fasst die Kinderhand. Auf „hu …i …bu …" werden die Kinder mit Schwung vom Kastendeckel gezogen und im hohen Bogen auf der Matte oder dem Weichboden abgesetzt.

KLEINE TURNHALLENGESPENSTER

 **ABENTEUERSPUK**

In diesen Unterrichtsminuten werden schwere Aufgaben bewältigt. Kleine und große Abenteuergeräte werden immer wieder auf-, um- und abgebaut. Dabei entstehen häufig spannende Gespensterlandschaften.

Das Geisterschloss

Es wird nach unseren Vorschlägen auf den Seiten 55ff. gebaut und nach eigenen Vorstellungen erobert.

Die Turnhallengeistershow

Die Turnhallengeistershow, wie auf den Seiten 29ff. beschrieben, hat in den letzten Gespensterschuljahren schon so manche Nachtminute zum Abenteuer werden lassen.

Gespensterflüge – kopfunter und kopfüber –

Die jungen und alten Gespenster üben ihre Nachtflüge und Geisterschwünge an den Geräten, an denen man aktiv hängen, schwingen, schaukeln oder pendeln kann, z.B. an Reckstangen, Barrenholmen, Ringen, Trapezen, Tauen, Sprossenwänden und Gitterleitern aber auch an Reifen, Autoreifen und Seilen, die am Barren oder Reck befestigt sind.

KLEINE TURNHALLENGESPENSTER

Der Meister-Geister stellt seinen Schülern Experimentieraufgaben, die sie selbstständig und nach individuellem Leistungsvermögen an den verschiedenen Geräten ausprobieren können. Entweder werden die Aufgaben vom Meister-Geister selbst vorgetragen oder er verteilt kleine Gespensterkarten (siehe Kreativecke S. 95) in der Halle. Die Kinder suchen diese Karten und lassen sich die Aufgaben von den Erwachsenen vorlesen.

Haltet euch mit beiden Händen an einem Gerät fest und pendelt mit den Beinen hin und her.

Findet heraus, ob es mit krummen oder mit langen Beinen besser geht.

Hängt euch mit beiden Händen an ein Gerät und hebt abwechselnd erst ein Bein, dann beide Beine so hoch ihr könnt.

Geht es mit krummen oder auch mit geraden Beinen?

Hängt euch mit beiden Händen an ein Gerät und versucht, die Beine wie auf einem Geisterfahrrad zu bewegen.
Könnt ihr dabei langsam oder schnell fahren? Wie geht es bergauf? Und wie bergab?

Hängt euch mit beiden Händen an ein Gerät und versucht, euch ein Stück am Gerät entlang zu hangeln.

KLEINE TURNHALLENGESPENSTER

An welchem Gerät könnt ihr euch gleichzeitig mit den Händen und den Füßen bzw. Beinen festhalten oder entlang hangeln?

Wie oft könnt ihr mit langen Beinen vor- und zurückschwingen, wenn Ihr Euch mit beiden Händen am Gerät festhaltet?

Wie viele Klimmzüge schafft ihr an den Ringen und/oder an den anderen Geräten?

Probiert aus, an welchen Geräten ihr euch gemütlich in eine Gespensterschaukel setzen könnt. Schaukelt vor- und rückwärts oder dreht euch ein und aus.

Findet heraus, wo man als Gespenst im Stehen schaukeln kann.

Probiert aus, an welchen Geräten ihr euch mit den Kniekehlen anhängen könnt.

KLEINE TURNHALLENGESPENSTER

Schafft ihr es, im Kniehang die Hände zu lösen und zu schaukeln?

An welchem der Geräte schafft ihr es, im Kniehang mit den Händen auf die Matte zu fassen und so ein paar Schritte auf den Händen laufen?

Am Ende des Abenteuerspuks muss die Gespensterhalle natürlich aufgeräumt werden. Dabei helfen selbstverständlich alle kleinen und großen Gespenster mit.

KLEINE TURNHALLENGESPENSTER

Für jede gut gemeisterte Aufgabe erhalten die Schüler ein Klapperteil (siehe Kreativecke S. 94). Die dazugehörigen Drähte/Kabel liegen am Hallenrand bereit. Nach jedem Übungserfolg, der übrigens auch vom Meister-Geister begutachtet werden kann, erhalten die Gespenster einen Deckel zum Aufziehen. Vor dem großen Abschlussgeklapper werden nun die Klappern zusammengedreht und fertig gestellt, denn sie kommen anschließend zum Einsatz.

 **ABSCHLUSSGEKLAPPER**

Am Ende einer Schulnacht soll es noch einmal richtig gruselig, quirlig und spaßig zugehen.

Konzert im Geisterschloss

In der Halle spukt es und das Gespensterkonzert von der Seite 26ff. lässt sogar die Schüler schauern.

KLEINE TURNHALLENGESPENSTER

Im Dunkeln ist gut munkeln

Ein Spiel für mutige Gespenster, denn sie müssen sich, wenn es dunkel ist, an den Geräuschen in ihrer Umgebung orientieren. Daher wird auch das Lauschen in der Gespensterschule geübt.

Die Gespenster stehen sich mit ihren Klappern in zwei Linien gegenüber. Ein mutiger Gespensterschüler geht mit geschlossenen oder sogar verbundenen Augen durch die Gasse. Dabei orientiert er sich an den Geräuschen der anderen. Kommt er einem Klappergespenst zu nahe, stößt dieses noch lautere Warngeräusche aus.

Folge mir!

Ein Schüler schließt die Augen oder schlüpft unter ein Tuch. Der Partner geht mit lautem Geklapper einen Weg. Das blinde Gespenst versucht, ihm zu folgen, indem es seine Ohren spitzt.

KLEINE TURNHALLENGESPENSTER

Gespenstermode

Aus verschiedensten Materialien, die in großen Koffern und Kisten gesammelt werden, gestalten die Schüler ihre eigenen Gespenstergewänder. Umhänge und Hemden werden aus alten Laken, Tischdecken, weißen Gardinen, Folien, Makulaturpapier, weißen Fliesdecken (Duni), Krepppapier, weißen Woll- oder Geschenkbandresten kreiert.

Geisterbahn

Manchmal beenden die Meister-Geister eine besonders gelungene Schulnacht mit einer großen Überraschung: Die Geisterbahn wird aufgebaut. Hierzu werden in Windeseile 4-6 Bänke parallel so zueinander aufgestellt, dass man mit einem Rollbrett hindurchfahren kann. Die eine Hälfte der Gruppe setzt sich mit etwa einem halben Meter Zwischenraum auf die Bänke. Zuvor suchen sie sich aus einem Fundus von Materialien Gegenstände aus, mit denen sie in der Geisterbahn agieren wollen.

Hier einige Beispiele:

KLEINE TURNHALLENGESPENSTER

Für die taktile Wahrnehmung z.B.:

- ein feuchtes Gästetuch
- großer Schwamm
- Chiffontuch
- Fellstückchen, Samt, Watte
- weiche Bürste
- Topfkratzer
- Krepppapierstreifen, Schleifenband usw.

Für die akustische Wahrnehmung z.B.:

- Knackfrosch, Trillerpfeife, Rassel, Gespensterklapper
- Flöte, Glöckchen
- Kurzzeitwecker, Luftballon zum Quietschen usw.

Die Schüler ohne Material gehen paarweise zusammen. Einer von ihnen setzt sich auf ein Rollbrett und schließt die Augen oder lässt sie sich sogar verbinden. Der andere schiebt seinen Partner langsam durch die Geisterbahn. Nach einer Fahrt tauschen die Rollbrettfahrer und die Anschieber ihre Rolle und anschließend übernehmen diese die Materialien und die Geisterarbeit.

KLEINE TURNHALLENGESPENSTER

Am Ende einer Schulnacht um Punkt eine Sekunde vor 1.00 Uhr beginnt ein großes Geklapper, ertönt ein letztes lautes Heulkonzert und schließlich verschwinden alle auf geisterhafte Weise von der Bildfläche.

KLEINE TURNHALLENGESPENSTER

KLEINE TURNHALLENGESPENSTER

HUBERT, DAS KLEINE SCHLEUDERGESPENST

MATERIAL: Alte Zeitungen, weiße Servietten, weißes Geschenkband, weißes Krepppapier, Filzstifte und eine Rolle Klebeband.

BASTELANLEITUNG:

1. Eine große Zeitungsseite wird zu einem Ball zerknüllt.

2. Dann werden drei weiße Krepppapierstreifen von ungefähr 2 cm Breite und 140 cm Länge jeweils in der Mitte oben auf diesem Ball über Kreuz gelegt und mit einem Klebestreifen fixiert. Nun müssten etwa 50 bis 60 cm lange Kreppstreifen zu allen Seiten herabhängen.

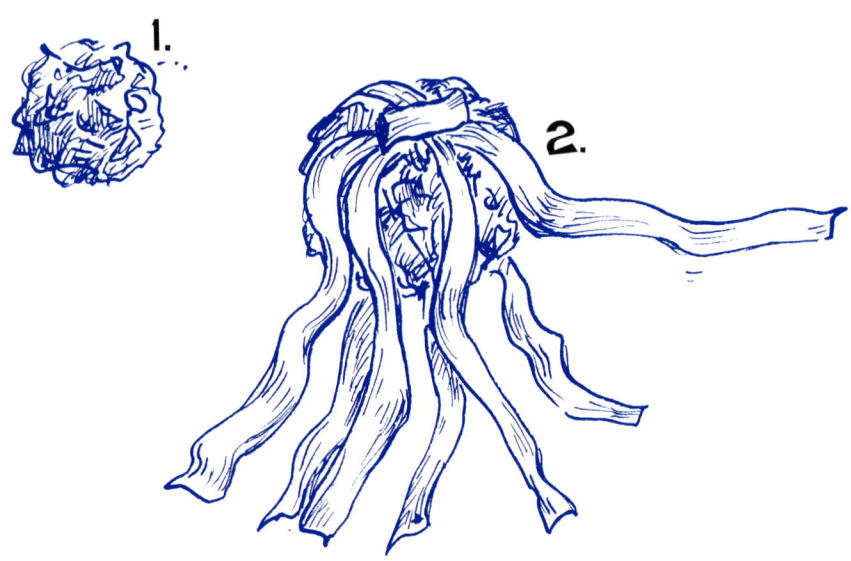

KLEINE TURNHALLENGESPENSTER

3. Anschließend wird eine weiße Serviette oben aufgelegt, die Zipfel werden heruntergestrichen und mit dem weißen Geschenkband durch Zuknoten unter dem Ball befestigt. Das Band sollte insgesamt ca. 70 cm lang sein, sodass etwa 30 cm davon als Schnur zum Festhalten heraushängen.

4. Zum Schluss können die Kinder den Gespenstern mit Hilfe eines Filzstiftes noch lustige Gesichter oder andere Verzierungen – zum Beispiel ein gepunktetes Gewand – aufmalen. Und schon ist das Schleudergespenst gebastelt!

Am Ende der Turnstunde kann jedes Kind sein Schleudergespenst mit nach Hause nehmen und hat somit eine schöne Erinnerung an die Turnhallengespenster. Auf diese Weise können einige der Lieblings-Bewegungsspiele zu Hause wiederholt werden.

KLEINE TURNHALLENGESPENSTER

GESPENSTERKLAPPER

MATERIAL: Dickeren grünen Blumendraht oder bezogenes Kabel in ähnlicher Stärke, Kronkorken oder Flaschendeckel, Gewebeklebeband.

VORBEREITUNG: Der Draht/Kabel wird in 30 cm lange Stücke zugeschnitten. Die Kronkorken/Flaschendeckel werden in der Mitte gelocht.

Mehrere Kronkorken werden auf den Draht bzw. das Kabel aufgezogen. Dann wird der Draht in Faustgröße gebogen und an den Enden zusammengedreht. Über die gedrehte Stelle und die Drahtenden wird das Gewebeband gewickelt.

KLEINE TURNHALLENGESPENSTER

GESPENSTERKARTE

Zuerst werden 24 Gespensterkarten fotokopiert und ausgeschnitten, eventuell auf Karton aufgeklebt und mit Folie überzogen. Die Experimentieraufgaben der Seiten 83 bis 85 dann jeweils doppelt in den Gespensterbauch hineinschreiben oder fotokopieren, ausschneiden und hineinkleben.

– Fotokopiervorlage –

KLEINE TURNHALLENGESPENSTER

IM BLICK: "HIER BEWEGT SICH WAS" — PRAXISREIHE:

Nr. 5: Zirkuswelt
Nr. 6: Fahrzeuge
Nr. 7: Auf Reisen
Nr. 8: Zur Weihnacht
Nr. 9: Karneval der Tiere
Nr. 10: Auf dem Bauernhof
Nr. 11: Im Straßenverkehr
Nr. 12: Lichterfest
Nr. 13: Clownschule
Nr. 14: Wasserquatsch
Nr. 15: Weltraumreise
Nr. 16: Turnen im Adventskalender
Nr. 17: Im Frühling
Nr. 18: Auf dem Jahrmarkt
Nr. 19: Teddys Turnstunde
Nr. 20: Spuren im Winter
Nr. 21: Pippi im Turnverein
Nr. 22: Schiff Ahoi!
Nr. 23: Auf der Spielwiese
Nr. 24: Die Post geht ab!
Nr. 25: Riesen und Zwerge
Nr. 26: Im Zoo
Nr. 27: Rund ums Auto
Nr. 28: Würfel-Spiel-Spaß
Nr. 29: Märchenhaft
Nr. 30: Auf die Plätze ... fertig ... los!
Nr. 31: Mäuseschritt und Schweinsgalopp
Nr. 32: Besuch beim Nikolaus
Nr. 33: Allerlei Zauberei
Nr. 34: Tip ... Tap ... Notenhopser und Leiseschleicher
Nr. 35: Im Kaufhaus
Nr. 36: Sonne, Mond und Sterne
Nr. 37: Kleine Helfer – ganz groß
Nr. 38: Fliegende Tiere

Nr. 39: Vom Keller bis zum Dach
Nr. 40: Winterolympiade
Nr. 41: Jim Knopf, Benjamin und Philipp Maus
Nr. 42: Heimlich & Co.
Nr. 43 Bunt gewürfelt
Nr. 44: Rund um die Welt